Stefan Argus

Jetzt schreibt der auch noch ein Buch!

Bibliographische Information der Deutschen Nationalbibliothek: Die Deutsche Nationalbibliothek verzeichnet diese Publikation in der Deutschen Nationalbibliothek; detaillierte bibliographische Daten sind im Internet unter http://dnb.dnb.de abrufbar.

© 2013 Stefan Argus
Karikatur auf der Titelseite: Sylvia Voss
Sylviavoss-karikaturen.de

Herstellung und Verlag:
BoD – Books on Demand, Norderstedt

ISBN 978-3-7322-8975-2

Für meine Eltern, ohne die es mich nie gegeben hätte

Für den Jgz. „Stief-Trupp"! Ohne Euch wäre das Schützenfest nur halb so schön!!!

Für Alle, die mich kennen ! Ohne Euch gäbe es auch kein Buch.

„Ich habe die Hälfte meines Vermögens für Autos, Motoräder und schöne Frauen ausgegeben, den Rest habe ich einfach verprasst!"

George Best

„Das Leben ist wie eine Praline, man weiß nie, was man kriegt!"

Forrest Gump

Vorwort

Natürlich frage ich mich oft, wie war eigentlich meine Kindheit? Oder vielmehr, an welche Dinge kann ich mich erinnern, an welche möchte ich mich erinnern und welche habe ich eigentlich schon verdrängt? In diesem Buch suche und schreibe ich meine eigenen Erinnerungen oder vielmehr die, die ich bewusst erlebt habe. Das ganze ist natürlich weder eine wirkliche Biografie oder schon gar keine Memoiren. Als Kind hätte ich eh geglaubt, das Memoiren ein leckeres Backwerk mit Zuckerguss aus Frankreich ist.
Vielmehr erzähle ich aus einem lustigen Leben, das mir bis heute beschieden war mit einem gewissen Augenzwinkern, mit einem nicht ganz ernst zu nehmenden erhobenen Zeigefinger. Ich danke natürlich allen, die auf diesem nun fast 45jährigen Weg freiwillig oder unfreiwillig mit dabei waren, aber dazu später mehr. Sollte sich jemand hier wieder finden, würde mich das natürlich sehr freuen.

Als 69er ist man natürlich heute schon für die Jugend ein Vorruheständler und soll sich auf die paar Jahre freuen, die einem noch beschieden sind. Naja, abgesehen von den weichenden Haaren, die mittlerweile bei Sonnenlicht so einen silbrigen Schimmer haben, der sich leider auch mit wegschneiden nicht mehr ganz verbergen lässt, von einer Waage, die bei allen Diätversuchen immer noch das größtmögliche Maximalgewicht anzeigt, sollte es einem doch super gehen , oder? Wäre da nicht diese boshafte Kellnerin gewesen, die mich tatsächlich fragt, ob ich einen Senioronteller möchte. Nein, Danke sage ich dann immer, ich sehe nur so aus. Einmal habe ich gesagt: Bringen Sie doch noch ein weiteres Besteck, es kommt noch jemand. Was soll ich sagen, das Besteck kam natürlich prompt. Da kann man nix machen. Doch ich schwelge schon wieder in der jüngeren Allgegenwart.

Also eine ganz bewusste Erinnerung an meine Kindheit ist der Sonntagsspaziergang:

Viele kennen das ja heute schon gar nicht mehr, weil es ja auch kein Programm gibt, mit dem man das auf dem PC erledigen könnte. Aber damals, als der Tag noch 24 Stunden hatte gab es den noch. Die einzigen Beweise aus dieser Zeit sind natürlich die furchtbaren Fotos, deren Existenz ich heute stets vehement bestreite. Oder würden Sie Ihrem Kind heute eine graue Flanellhose, weiße Kniestrümpfe und ein rotes Club Sakko anziehen?

Nicht vergessen möchte ich natürlich die schönen Sandalen. Aber, je länger ich durch den Wald spazierte und mich ernsthaft fragte, ob der Wald zufällig der ist, von dem ich in Hänsel und Gretel gehört hatte, desto mehr Leidensgenossen sah ich, die ebenso tapfer in ihrem blauen oder auch mal grünen Sakko tapfer an der Hand der stolz blickenden Oma durch den Wald stapften. Manchmal glaube ich, das man diese fröhlichen Kleiderfarben nur entwickelt hat, weil man wusste, das es bald Farbfernsehen geben würde.

Also würde ich mich freuen wenn Ihr mir einfach auf meine persönliche kleine Zeitreise folgt, auf die ich Euch alle sehr gerne mitnehme. Dieses Buch entsteht auf Grundlage der fixen Idee, das einige Menschen das lustig finden, was ich so von mir gebe. Von daher werde ich Euch nun in einigen Episoden mein eigenes Leben vermischt mit Wunschdenken und liebenswerten Anekdoten verziert ausbreiten, in der Hoffnung, Ihr findet Gefallen daran.

Für viele alte Freunde, gerade die Hinterbichler hat sich während der Arbeit an diesem Buch sehr viel verändert. Über die sozialen Netzwerke unserer Zeit haben sich viele wieder zusammen gefunden, es hat schon einige Treffen und Besuche gegeben und im kommenden Jahr wird es eine Revial Tour nach Österreich geben. Hierzu wird es dann ein weiteres Buch geben, indem all die Anekdoten der damaligen Zeit und hoffentlich auch die der Neuzeit Ihren Platz finden. Ich nehme diese Geschichten ganz bewusst aus diesem Buch heraus, damit all diese wunderbaren und köstlichen Geschichten einen würdigen Platz erhalten und vielleicht auch manchem Nicht-Hibianer diese Welt ersschliessen

Im zweiten Teil des Buches findet Ihr alle meine Statements zur Lage der Nation, die vielleicht einigen ja auch schon aus den sozialen Netzwerken bekannt sind. Auch dabei wünsche ich viel Spass.

Glehn , im Herbst 2013

Kapitel 1

Die Mengenlehre und der Overhead-Projektor oder die Brille des Grauens

Ein Jahr nach der Weltmeisterschaft 74 mit meinen damaligen Helden Vogts und Bonhof sowie Jupp Heynckes von der Borussia musste ich dann auch meinen ersten Schultag in Angriff nehmen......

Ich werde nie verstehen, warum man weisse Kniestrümpfe auf kurzen Palomino Jeans tragen musste. Wenn ich mir heute diese Bilder ansehe, dann würde ich denken , diese Strümpfe wurden zur Thromboseverhinderung rein prophylaktisch eingesetzt oder so. Viel schlimmer fand ich jedoch, das mein ein Jahr älterer Bruder an dem Tag genau das Gleiche tragen musste, also im Prinzip aussah wie ein Zwilling. Damit nicht genug, das wurde noch aus allen Perspektiven auf Ritsch Ratsch Klick Bildern festgehalten, damit die Nachwelt, also eigentlich in erster Linie die, die damals die Bilder gemacht haben, schön darüber lachen können. Das werde ich eh nie verstehen. Aber egal, auf also in den Klassenraum und teilnehmen an diesem großen Wunder namens Schule. Es gab den ersten Stundenplan und was keiner für möglich gehalten hätte, bei jedem Tag, der mehr als zwei oder drei Schulstunden hatte, wurde frenetisch gejubelt. Das würde ich heute gerne mal sehen, wenn mal Überstunden nötig sind oder man aus welchen Gründen auch immer in einem Stau festhängt. Aber damals gab es ja noch ein gewisses Kollektiv gleichaltriger, die alle mit recht gleichen Voraussetzungen den ersten Schultag erlebten. Wir hatten ja auch kein Handy, um im Notfall jemanden anrufen zu können. Wahrscheinlich hätten uns auch die Gebühren, runtergerechnet auf die damalige Zeit, in den Vorruin getrieben. Alleine die Wartezeit, bis die Vermieterin meine Eltern ans Telefon gerufen hätte, weil wir damals keins hatten....

Aber es gab ja auch damals schon die ersten Tumulte beim Elternabend, dies weiß ich natürlich nur aus den Erzählungen meiner Eltern. Es gab einige wesentliche Änderungen in den 70ern. Es wurde auf einmal Mengenlehre unterrichtet, wo wir mit einer Schablone lustige Eier malen mussten, die mit allerlei Zahlen und so einem Kram gefüllt wurden. Lustig, aber nicht nachvollziehbar. Viel lustiger war da in der 4. Klasse dann schon die Begegnung mit der Sexualität im, ja so hieß das wirklich, Sachkundeunterricht! Da musste man sich mit diesen undeutlichen Matrizen, also diesen Blaupausendurchschlägen eine Zeichnung von Mann und Frau ansehen und die Unterschiede, wo immer sie aus damaliger Kindersicht auch waren, benennen und verstehen lernen. Also ich glaube mal, das ich die Unterschiede zwischen Mann und Frau bis heute nicht verstanden habe. Aber dann kam eine weitere großartige Revolution auf uns unbedarfte Schüler zu. Der Overhead Projektor. Weil die Lehrer wohl zu faul geworden waren, immer was an die Tafel zu schreiben, weil die Kreide auf der mit Bohnerwasser gewischten Tafel nicht haften wollte, mussten nun die Schüler ran und auf Folien schreiben, die dann an eine weiße Wand im Klassenzimmer geworfen wurden. Im Sommer war das natürlich so toll, das gleich wieder an der Tafel herumgemalt wurde. Leider habe ich aber dem Overhead meine erste große und schreckliche Niederlage zu verdanken. Eines Tages stellte ich fest, das ich nichts mehr lesen konnte, wenn ich zu weit hinten saß. Klar durfte ich dann vorne sitzen, aber das löste mein Problem nur für kurze Zeit. Um es kurz zu machen, eines Nachmittags musste ich mit meiner Mutter zum Augenarzt, das ist ja an sich nichts Schlimmes, aber das sollte es noch werden. Als die Worte fielen, der Junge muss eine Brille tragen, weil er kurzsichtig ist und einen grauen Star hat, hatte ich noch nicht begriffen, was da auf mich zukommen sollte. Es war ein kalter und regnerischer Nachmittag, als ich mein erstes großes Feindbild kennenlernte: Den Augenoptiker. Als er mir eine dieser übergroßen Kinderbrillen aus hochglänzendem Metall aufsetzte und meinte, wie prima mir das steht, gab es kein Halten mehr. Ich glaube, mein Brüllen hat an diesem Tag die ganze Hindenburgstrasse erfüllt und kein Optiker hat sich mehr getraut, einem Kind eine Brille anzupassen. Viel schlimmer wurde es dann noch einmal, als ich den ersten Tag mit Brille in die Schule musste. Da fühlte ich mich wohl so ähnlich wie der Junge in Spiel mir das Lied vom Tod mit der Mundharmonika. Schön war dann noch die Zeit der Kommunion, als wir lernten, das es neben den Eltern und irgendwelchen Politikern, die von diesen immer übel beschimpft wurden auch noch eine Institution gab, wo der Mann, der vorne in ein Mikro sprechen durfte und ein wallendes Gewand trug, etwas vom Zusammenleben erzählte und von der Gemeinschaft, in die wir nun aufgenommen wurden. Ich weiß noch, das sich einer der Neuaufgenommenen am Nachmittag bei der Danksagung sehr lautstark übergeben musste, da er zu viele von den Pralinen gegessen hatte, die er anlässlich seiner Kommunion geschenkt bekommen hatte. An so einem Tag lernt man auch schon ein wenig Deutsche Gründlichkeit kennen. Alle Karten wurden feinsäuberlich sortiert, in einer Ecke der Karte wurde der geschickte Betrag vermerkt und dann natürlich für die Danksagungskarte auf einen anderen Haufen gelegt. Ich glaube, das es für die reinen Glückwunschkarten schon damals die Ablage P gab. Aber es gab ja auch noch andere Dinge, über die man sich freuen konnte. Ich kam so zu einer großen Zahl von Karl May Büchern, die ich heute noch gerne lese und an deren Sammlung ich immer noch arbeite. Und dann gab es ja auch noch die herrliche Ferienzeit im Sommer, da konnte das Leben noch so schön sein. Oft war ich einige Wochen bei meiner Oma, das war richtig schön, den ganzen Tag draußen spielen und immer was leckeres auf dem Teller, herrlich. Der Badeurlaub mit Eltern an der Deutschen Ostseeküste war natürlich für lange Jahre das Schönste, was ein Kind erleben kann. Man musste sich noch nichts absparen, im Internet hektisch die Hotelangebote durchwühlen, um dann als Massentouri am Flughafen mit dem Tross der Urlaubswütigen auf seinen Flug warten. Man fuhr zu viert in einem winzigen 1200er Toyota in senfgelb mit Dachgepäckträger und hatte Spaß, da gab es noch kein Nörgeln bei der Fahrt, weil es noch keine Reizüberflutung gab. Der Gameboy der 70er Jahre hieß Ministeck oder Vier gewinnt Pocket. Wer Ende der 70er Jahre schon eine Quarzuhr besaß, die über Beleuchtung und vielleicht sogar eine Stoppuhr verfügte, der hatte ganz große Chancen, als anerkannter Snob zu gelten, aber nur, wenn er keine Brille trug. Viel lustiger finde ich heute einige Requisiten des Alltags, deren Dasein die heutige Generation ab Baujahr 1980 wohl nicht mehr kennt. Der sensationell unpraktische Turnbeutel, in dem man wenn überhaupt nur seine Turnschuhe verstauen konnte. Und das Wort Sportschuhe gab es eigentlich noch nicht wirklich, obwohl wir eher wenig geturnt haben. Vor allem war der Effekt ja auch eher bedenklich, nach zwei Stunden Schulsport, sinnigerweise in den ersten Unterrichtsstunden, wurden die verschwitzten Schuhe in den Turnbeutel gepackt, geduscht wurde ja damals noch nicht, weil es noch den samstäglichen Badetag gab und nun durften die Schuhe während der restlichen Schulstunden ordentlich auslüften, ohne das jemand Anstoß daran genommen hätte. Wenn ich wenige Jahre später meine Joggingschuhe nur wenige Minuten im Flur abgestellt hatte, wurden sie demonstrativ von meiner entrüsteten Mutter in die Garage geworfen. Da die Garage somit der Heimatort meiner Sportsachen wurde, gab es daher irgendwann immer weniger

Platz für Gartengeräte, aber das war auch nicht schlimm, denn dafür hatte ich ohnehin keine wirkliche Verwendung. In Bezug auf Gartenarbeit bin ich froh, das unser Schulsystem Hausaufgaben vorsah, die einen vor den grausamen Gartenarbeiten bewahren konnten. Je älter man wurde, desto mehr wurden die immer wiederkehrenden Arbeiten im Garten als kleinste Handreichungen verklärt, die immer nur Rucki Zucki erledigt wurden. Wenn ich meinen Eltern glaube, habe ich den Garten mehr verwüstet als tatsächlich gepflegt. Aber macht ja auch nichts, die beste Methode, sich vor einer Arbeit zu drücken, ist einfach die , es besonders ordentlich zu machen. So habe ich an einem sonnigen Samstag, alle Freunde warteten schon auf dem Bolzplatz auf mich, im Nutzgarten Unkraut gejätet. Und fleißig wie ich bin, habe ich schön alle Karotten weggejätet, bis meine Mutter dazu kam und fragte, was ich da mache. Ich antwortete natürlich mit stolzgeschwellter Brust: Ich jäte das Unkraut, guck mal wie viel ich schon geschafft habe."

„Junge, das waren die Möhren, geh rein und hör auf, spiel mit deinen Freunden."
Heute würde die Stimme zu mir sagen: „Sie haben Ihr Ziel erreicht!"

Leider hat auch die schöne Grundschulzeit irgendwann mal ein Ende und die Eltern treffen für einen denn eine meistens folgenschwere Entscheidung. Mich verschlug es auf ein Gymnasium, was den Vorteil hatte, das man in den Genuss einer Schülerfahrkarte kam und somit erstmals in seinem Leben mobil war. Allerdings ist mobil auch etwas relativ, wenn ich morgens mit meinem neuen Scout Ranzen in den Schulbus wollte, der wie üblich randvoll war, hatte die Mobilität schon wieder seine Grenzen erreicht. Unbeweglich harrten alle Scoutranzenträger im Bus aus, bis wir an den vorgegebenen Haltestellen den laut Schuldirektorium sicheren und ebenfalls vorgegebenen Weg bis zur Schule zurücklegen konnten. Das war eigentlich auch einer der riesigen Vorteile des Kind seins: Alles war schon für einen geregelt, man musste sich um nichts kümmern. Das sollte sich ja in späteren Jahren noch ändern.

Selbst bei uns im Dorf war ja alles geregelt. Alle passten ja auf uns Kinder auf, egal was wir auch anstellten, es blieb niemals etwas im Verborgenen. Wenn wir was angestellt hatten, konnten wir sicher sein, es war schon bekannt und schneller als gedacht, gab es die entsprechende Standpauke....

Kapitel 2

Sturm und Drang oder wenn man Urlaub alleine macht und was die Einheit ist

Irgendwann erreicht man ja leider den Zeitpunkt, an dem man beschließt, kein Kind mehr sein zu wollen und erwachsen zu sein. Bei Männern ist das wohl irgendwo zwischen 14 und 17 der Fall oder zumindest ist man selber davon überzeugt. Nun ja, bei mir fing das wohl an, als ich aufhörte, mit den Eltern in den Urlaub zu fahren und stattdessen mit Jugendgruppen nach Österreich fuhr. Auf einmal hatte man Urlaub in einer anderen Dimension! Es gab die ersten heimlichen Zigaretten, auf einmal fand man Mädchen toll und man erwischte sich selbst dabei, ein Duftwässerchen aufzulegen, damit die Mädels denken, der muss sich schon rasieren. Es war eine großartige Zeit, wir wanderten mit unseren gut aufgelegten Betreuern, ich glaube heute nennt man die Animateure, in der Osttiroler Bergwelt herum. Es war super, wir übernachteten auf einsamen Berghütten, es gab keine Trennung mehr zwischen Männlein und Weiblein, was auch mehr oder weniger zu ersten Anbandlungen mit dem anderen Geschlecht führte. Gut, das wir in der vierten Klasse in der Sachkunde gelernt hatten, was der Unterschied war, sonst hätten wir uns wahrscheinlich sehr erschrocken. Leider gab es ja im Sachkundeunterricht nie eine Beschreibung, was ein Zungenkuss ist, das kannte man ja auch vorher nur von den Jungens, die schon ein paar Klassen weiter waren, wenn die Mädchen kicherten und sagten, der küsst schon mit Zunge. Aber egal, es muss schon super ausgesehen haben, wie sich ein Haufen Teenager abends zurecht machte, um in der Disco im umfunktionierten Essraum eine möglichst gute Figur zu machen. An dieser Stelle ein kleiner Dank an Simone, die mir an diesen Abenden den einen oder anderen Tanzschritt beigebracht hat, damit ich nicht so ganz ungelenk da herumhüpfte. Bei meinem Tanzstil würde man wohl heute erschrocken fragen, was ich eingeworfen habe und ich sollte das Zeug doch besser aus dem Körper lassen. Am schönsten war es, wenn die Töchter der normalen Hotelgäste abends auch in unsere Disco durften. So lernte ich damals Monika kennen. Sie war aus der Nähe von Aachen, blond, sehr hübsch und für mich in diesem Sommer die Schönste aller Mädchen. Und was noch viel besser war: Sie mochte mich auch. Am genialsten war jedoch, das die Hotelleitung Monika mit Ihrer Freundin auch in unser Bubenhaus, in dem einst die Wiener Sängerknaben logierten, gelegt wurden. So konnten wir viel zusammen sein und eines Nachts kuschelten wir uns unter eine Bettdecke und genossen das Zusammensein und die Küsse, die wir damals austauschten. Aus heutiger Sicht war das wohl Safer Sex auf allerhöchstem Niveau. Manchmal hofft man, das der Sommer nie zu Ende geht. Mehrere Jahre fuhren wir mit einem harten Kern immer wieder in unser geliebtes Hinterbichl. Es gab wohl später nichts mehr, was wir noch hätten erwandern können, aber so manche Freundschaft aus der damaligen Zeit dauert noch heute an. Weit verstreut in ganz Deutschland und im Ausland kann man uns finden, die Hibianer, die in Pfarrer Eisens Ferienwerk ihre schönsten Jugendurlaube verbracht haben. Es gibt sogar einige, die danach den Bund fürs Leben geschlossen haben, an dieser Stelle einen Gruss an Hubert und Susanne in die Schweiz. Aus modischer Sicht war es wohl sicherlich gut, das wir weit weg von zuhause waren, denn ich glaube, das der eigene Modegeschmack der späten 80er Jahre nicht dazu geeignet war, brauchbare modische Akzente zu setzen. Ich denke heute noch daran, das ich als dürrer Spargeltarzan mit Brillengestell Muscle-Shirts trug kombiniert mit bunten Streifenhosen, was mir heute sicherlich mitleidige Blicke eintragen würde oder vielleicht noch eher ungläubiges Staunen mit offenem Mund. Super war aber, das wir alle so rumliefen, daher fiel es nicht wirklich auf und wir fanden uns alle supercool. Leider war für viele von uns bald die Schulzeit zu Ende und so trennten sich zunächst viele Wege, die Einen begannen Ihre Ausbildung und wurden die ersten Neureichen, weil Sie auf einmal gnadenlos mehr Geld hatten, als wir Schüler, die sich zum Abi oder über die Höhere Handelschule weiter durch die Bücher quälten. Mittlerweile war selbst ich zu einem ordentlichen Schüler mutiert, der sogar teilweise vom Unterricht befreit wurde solange die Klassenarbeiten mindestens mit gut benotet wurden. Das mir das einmal gelingen würde, nachdem ich mal ein Gymnasium verlassen musste, weil ich gegenüber dem Lehrkörper jeglichen Respekt vermissen ließ und die Schule gelegentlich als Olympiade betrachtete, getreu dem Leitsatz: Dabei sein ist alles. Zwischenzeitlich verdiente ich sogar ab und an einmal mein eigenes Geld, wenn ich in einem nahe liegenden Großmarkt die Wägelchen in die Halle schob und den Kunden die Waren ins Auto packte. An guten Tagen gab es dafür sogar richtig Trinkgeld und wenn die Leute erstmal wussten, das man noch zur Schule ging, dann gab es sogar noch mehr. Wenn man das erstmal wusste, hatte man seine eigene kleine Wallstreet und ordnete die Kunden logischerweise in Trinkgeldkategorien ein. Praktisch wenn man dann die Kennzeichen der Autos wusste und schon mal ausrechnen konnte, wie viel „Patte" im Laden herumlief. So konnte man sich ein wenig angleichen an die reichen Stutzer, die schon Auto fuhren. Vor allem am Wochenende in unserer geliebten Venner Jugenddisco war dies ein riesiger Vorteil. Da konnte man noch für zehn Mark mal richtig einen Samstag durchfeiern. Durchfeiern hieß fünf Bier trinken und wenn um 22 Uhr die Disco schließen musste, noch ein paar Bier in unserer Kultgasstätte Venn 12 trinken. Im Jugendheim konnte man aber auch zum Held werden. Eines Tages schloss man sich der Mannschaft an, die am Samstagabend die Disco betrieb und wurde DJ. Damit war man in einer erlesenen Gilde angekommen. Man hielt die Leute am Tanzen und erntete immer wieder zustimmende Blicke der Mädels, wenn man nur die richtigen Platten auflegte. Ich war im gelobten Land! Egal welche

Fete gefeiert wurde, ich war dabei. So schaffte ich schließlich sogar einen ordentlichen Schulabschluss und bekam einen guten Ausbildungsplatz. Es kamen mit die schönsten Jahre, die man sich wohl vorstellen kann. Mein Bester Freund aus meiner Jugendzeit, Marcus, begann seine Ausbildung im gleichen Unternehmen und da er schon ein Auto hatte, einen kleinen Fiat 126 waren wir nun plötzlich mobil und konnten unseren ersten Urlaub mit dem Auto einplanen. Wohin war da natürlich die Frage, doch ein Ziel war sehr schnell gefunden. Wir fuhren nach Heimbach in die Eifel auf einen Campingplatz. Der Fiat wurde bis unter das Dach vollgepackt mit Zelt, Schlafsack, Kochern und Dosenbier eines namhaften Discounters. Das kleine Zelt wurde aufgestellt und nun konnte der Urlaub beginnen. Wir lernten auf dem Platz natürlich die Luxuscamper kennen, die mit Wohnwagen und Vorzelt sowie allem Luxus ausgerüstet waren. Die Übachs und die Palenbergs. Nicht, weil die so hießen, sondern weil die da herkamen. Eigentlich war es ja eine lustige Begegnung. Eines Morgens, als wir uns wieder aus dem Zelt geschält hatten und gerade versuchten, den Kocher in Gang zu setzen, kam Frau Übach mit einer Thermoskanne mit frischem Kaffee und duftenden Brötchen auf uns zu und meinte nur, ihr müsst mal ordentlich frühstücken, so haben wir früher auch angefangen, aber wir haben das mal für Euch fertig gemacht. Nachdem wir bis dahin eigentlich geschworen hätten, niemals auf diese Art und Weise zu campen, war es der Beginn eines herrlichen Campinglebens. So oft es ging, fuhren wir nun am Wochenende in die Eifel, wir ließen sogar das Auto meistens gepackt, da es sich nicht lohnte, die Sachen immer wieder zu verstauen. Einige Jahre später waren wir am Pfingstwochenende schon mit ganzen Kolonnen unterwegs und übernahmen für ein paar Tage die Regie auf dem Platz. Ich glaube, die Übachs und die Palenbergs hätten heute feuchte Augen, wenn Sie wüssten, das ich einige Jahre später selbst mit einem Wohnwagen am Auto nach Südfrankreich unterwegs sein sollte. Überhaupt war die Ausbildungszeit eine wunderbare Sache. Zuerst fürchtete man die Appelle bei unserem Ausbildungsleiter, Herrn D., der leider viel zu früh verstorben ist. Aber später wusste man, immer wenn es hieß, nach der Mittagspause kommt ihr mal kurz zu mir, dann war der Arbeitstag gelaufen, weil die „kurze" Unterredung bis zum Feierabend dauerte. Noch heute bin ich mir völlig sicher, das ohne die väterlich mahnenden Worte von Herrn D. so manch einer seine Ausbildung geschmissen oder nicht bestanden hätte. Es müsste mehr Ds geben, dann müssten wir heute nicht über Pisa und seine Folgen nachdenken. Wenn ich zurückblicke und an all die verschiedenen Eignungstests denke, die man mitmachen musste, wenn man eine Ausbildung beginnen wollte, oh weh, was wäre das heute ein Desaster. Vielleicht liegt es ja daran, das unsere ersten Erfahrungen mit modernster Technik auf dem C 64 beruhen, der mit gigantischen 32 KB Gesamtspeicher aufwartete, von denen aber nur knapp die Hälfte genutzt werden konnten. Vielleicht ist die heutige Speicherleistung eines Durchschnittsjugendlichen mit Hochleistungslaptop, mehreren

Handys und E-Mail Adressen sogar geringer, weil er Dinge schon auslagern kann, bevor er sie überhaupt speichert. Ist doch super, wenn man etwas vergessen kann, bevor man es weiß, dann muss man sich auch nicht daran erinnern.
Ich kann mich an etliche lustige Begebenheiten erinnern, die man heute wohl eher in gängigen Video Sites im Internet bewundern kann. Ein gutes Beispiel ist da sicher so manche Begebenheit, die einem mit Kunden im Verkaufsraum wiederfahren sind.
Als erstes wäre da wohl der so bezeichnete Gladbacher Akkusativ zu nennen, der wie folgt funktioniert, wenn man folgendes Verkaufsgespräch zugrunde legt:

„Hallo, kann ich Sie helfen?"
„Danke ich bin schon sehr geholfen, aber wo hamse die Eier?"
„Hinter Sie!"
„Danke. Und ich brauch Texaco, drei Liter!"
„Das ist beim Autozubehör in der zweiten Halle!"
„Nee, ich mein doch dat Zeug aus Griechenland!"
„Ach so, de Metaxa?"
„Ja , janz jenau!
Ernst, aber im Nachhinein irgendwo lustig anzuhören ist auch die folgende Geschichte:

Zunächst einmal muss ich vorab bemerken, das der Mitarbeiter in der Getränkeabteilung von Kollegen und sehr vielen Kunden einfach nur der „Schweppes" genannt wurde.

Nun hatte eben jener Schweppes Urlaub und seine Vertretung, ein Student wurde von einem Kunden angesprochen:

„Eyh, Du, wo is dann der Schweppes?"
„Ist doch direkt vor Ihnen im Regal!"
„Pass op, do. Ich kann dich glickes ens en paar ballere, da wälz ich min 90kg auf Dich ab und dann bisse platt, du Idiot!"
Den Blick des Studenten werde ich nie vergessen, das brennt sich ein!

Es gab natürlich auch noch die sprachgewandten Kunden der Oberschicht, die nach der Konifere gefragt haben, die mal eine korpulente Beratung machen kann.

Naja, ich glaube auch, das mancher Kunde komische Blicke geworfen hat, als wir nach Bestehen der mündlichen Prüfung mit Hüten und Rasseln eine Polonäse durch den gesamten Laden veranstaltet haben.

Ich glaube aber , das Schönste, was wir in der Ausbildung erlebt haben, war die Deutsche Geschichte, als 1989 die Mauer fiel. Zuerst hat man sich nur gewundert, was auf einmal in Leipzig und anderen Städten so los war. Und dann kam diese Lawine ins Rollen, die dann die ganzen Genossen aus dem Politbüro nicht mehr stoppen konnten. Ich sehe heute noch gerne die Bilder an, in denen ein völlig ratloser Schabowski die sofortige Reisefreiheit proklamiert und danach ohnmächtig mit ansehen muss, wie ein ganzes Volk die Grenzzäune stürmt. Herrlich. Auch für mich hatte das einen Bezug, doch dazu an späterer Stelle mehr. So lernte ich dann auch meine Verwandten aus der ehemaligen DDR kennen, die ich bislang eigentlich nur aus Erzählungen und ein paar alten Fotos kannte. Damals fuhr ich ganz stolz meinen ersten Wagen, einen 75er roten Passat, der irgendwie nicht immer richtig lief. Und da gerade meine Verwandten aus der DDR zu Besuch waren und er KFZ-Mechaniker in der DDR gelernt hatte, erbot er sich gleich, doch einfach mal nach meinem Wagen zu schauen. Schon als die Haube aufging und er den ersten Blick auf den Motor geworfen hatte, wusste ich, das da irgendwas nicht stimmt. Nach einigen ratlosen Blicken und Zuordnungsversuchen riet er mir dann, doch mal den Ölstand zu kontrollieren, dann würde die Kompression schon wieder werden. Super Reparatur.

Aber ist ja auch irgendwo niedlich. Wenn man sein halbes Leben nur an den Pröttel-Motörchen aus Zwickau rumgefummelt hat, dann sieht man das einfach mal locker.

Natürlich habe ich da noch nicht gewusst, das ich nur wenige Wochen später mein erstes Abenteuer nach der Ausbildung erleben sollte. Ich war beteiligt am Aufbau Ost, oder wie es die Buchhaltung formulierte, ich fuhr nun ins Beitrittsgebiet. Das war mir zunächst gar nicht so geheuer. Was sollte ich bei all den ehemaligen linientreuen Kommunisten? Scherz beiseite, es war schon ein merkwürdiges Gefühl, an einem kalten und sehr dunklen Abend über Hamburg und die A24 nach Schwerin zu fahren, vorbei an der alten Zonengrenze mit ihren Autofilzstationen und Wachtürmen und dann weiter über die holprigen Kopfsteinpflasterstrassen, die ich nur aus Fußgängerzonen kannte, weil man dort den Verkehr ja bewusst beruhigen wollte. Die grauen Fassaden und der Geruch der Fernwärme, das sind diese endlos langen Rohre, durch die man versuchte, alle Häuser der Umgebung zu beheizen, regulieren ließ sich das ja durch das Öffnen der Fenster. Vorausgesetzt sie ließen sich öffnen, weil in vielen Wohnungen der riesige Kohlenofen vor den Fenstern stand, und diese dann nur auf Kipp oder wenige Zentimeter zu öffnen waren. Aber so war das halt. Überall in Schwerin gab es noch russische Einheiten, die langsam die Stadt verließen und im geordneten Abzug ihren gesamten Schrott einfach hinterließen. Was schon ein komischer Anblick, diese uniformierten Kaukasier überall in der Stadt zu sehen, weil man das nicht gewöhnt war. Die Schweriner meinten nur, die sind bald weg und kommen vom gelobten Land in die Steinzeit zurück. Wie man das verstehen soll, habe ich mich noch sehr lange gefragt. Jedenfalls war ich nun Teil eines gewaltigen Aufbauprogramms geworden. Galt es doch, den teilweise unbedarften aber sehr emsigen, fleißigen und wissbegierigen Mitarbeitern die freie Marktwirtschaft zu vermitteln und weil der Niederrheiner im Erklären ja auch einzigartig ist, war das für mich natürlich die richtige Aufgabe. Wie erklärt man einem knochenroten 45jährigen, das man für einen Kunden schon alle Waren im Regal haben sollte und wenn er Erbsen haben möchte , nicht antworten sollte: „Nehmen

Sie doch Bohnen, davon haben wir genug!" Aber ich habe auch viel gelernt, was es heißt, in der DDR zu leben. Viele Spuren ließen sich ja auch zu diesem Zeitpunkt noch finden. Auf einer Wanderung auf dem Speicher der einstmals riesigen Verwaltung in Schwerin fand ich in einem Raum noch die ganzen alten Banderolen und Fahnen zur 40 Jahr Feier. Es war ein bezeichnendes Bild, das Lenin auf dem Rücken lag und die Motten schon an der Fahne ihre Spuren hinterlassen hatten. Ich habe immer noch die Standardsprüche im Kopf, als bekannt wurde, das ich zu denen gehörte, die nach Schwerin und Güstrow fuhren.

„Bring uns doch nen Trabi mit, bitte."
„Gibt's da wirklich nichts?"

Manchmal habe ich darüber nachgedacht, einen Videofilm zu machen im Stile der Sendung mit der Maus, damit der ein oder andere begreift, das dies Deutschland ist und nicht irgendeine Bananenrepublik. Es war allerdings noch viel schwieriger, abends nach 21.00 Uhr noch etwas Essbares zu ergattern. In den paar Restaurants wurde man da eher mitleidig angesehen und hätte eher beim Stühle hochsetzen helfen können, als auch nur eine Portion Pommes zu bekommen. Wenn man aber wusste, wo die Mecklenburger Bierstube war, dann war man im gelobten Land. Leckeres Bier, Würzfleisch vom Feinsten und das Gefühl, ein Teil der Deutschen Geschichte zu werden, indem man in vielen guten Gesprächen mit den Einheimischen die Einheit herstellte, um die manch ein Politiker heute noch kämpft. Deutsche Einheit ist kein Stück Papier , die das festlegt, sondern das ist gelebte Verständigung und Respekt vor allem, was diese Menschen zu einem großen Teil ertragen mussten. Wie würden wir uns fühlen, wenn wir wüssten, das unser bester Freund jahrelang der Polizei gemeldet hätte, wann wir was , wo und wie oft gemacht hätten. Keine schöne Vorstellung, oder. Bei allem gab es aber auch immer wieder lustige Begebenheiten. So fuhr ich eines Abends mit einem Güstrower etwas außerhalb zu einer alten Panzerkaserne, weil der dort von einem Russen einen LKW kaufen wollte. Ich dachte, warum nicht, wenn die den nicht mehr brauchen. Aber dann sah ich diesen wohl nagelneuen Volvo Truck mit einem riesigen Anhänger und fragte mich, warum der nur 5000 DM kosten sollte. Noch mehr sollten sich meine Augen weiten, als ich beim Rundgang um den Anhänger feststellte, das der russische Panzer im Preis inbegriffen war.

Aber dann habe ich gemerkt, wie flexibel die Russen bei Geschäften sein können. Natürlich wollte mein Bekannter den Panzer nicht mit dazu haben, auch wenn der vom Zustand erstklassig, vollgetankt und fahrfertig war. Langer Rede kurzer Sinn, der Hänger wurde stehengelassen und das war es dann auch. Geschäft gemacht, keine weiteren Fragen. Natürlich wollte ich auch die russische Offizierspistole mit 100 Schuss Munition nicht haben und auch das Nachtsichtgerät wollte ich nicht wirklich haben, da es mir damals fern lag, nachts im Wald jemanden zu verfolgen. Gut, heute würden mir schon ein paar Menschen einfallen, die ich dort verfolgen könnte. Aber ein „Geschäft" konnte ich dann doch im großen Stil aufziehen. Damals gab es ja noch Dosenbier und das ist natürlich zum Camping unerlässlich, wenn man mit einer langen Paketschnur 50 Dosen aneinandergürtet und in Heimbach in der eiskalten Rur versenkt und dann immer ein kaltes Bier abschneiden kann. Von nun an nahm ich auf meinen Rückfahrten immer den Kofferraum voll Lübzer Pils mit, ein wirklicher Kassenschlager und Genuss für jeden Campingabend. In Kombination mit Rostocker Klarem und dem unvermeidlichen Goldbrand konnte man so manchen kalten Abend warmtrinken. An dieser Stelle die Warnung an alle Jugendlichen, die vielleicht einmal mein Machwerk hier lesen. Das dürft Ihr auf keinen Fall nachmachen, schaut mich an und dann seid ihr hoffentlich kuriert. Vor allem kam es auch an den Wochenenden in Mönchengladbach, an denen wir uns alle auf dem Friedhofsparkplatz trafen, wenn wir mal wieder am Ende unserer Beschäftigungsfähigkeit angekommen waren, gelegentlich zu Polizeikontrollen und es ist nicht wirklich leicht, einem Polizisten zu erklären, das die 5 Paletten Dosenbier im Kofferraum nur zu Campingzwecken dort drin gelagert werden. Es waren ohnehin wunderbare Jahre, die ich dort erleben durfte. Man war jung, besass ein Auto, hatte alle Freiheiten, die man sich nur vorstellen konnte. Auch die Wochenenden zuhause waren ja immer schön. Alle waren mobil und so traf man sich am Abend mit allen Fahrzeugen am Ortsrand auf dem Friedhofsparkplatz und plante den Abend. Meist wurde erstmal eine schöne 25km Runde in Kolonnenfahrt unternommen. Glaubt Ihr nicht? Ist aber wirklich so. Weil man sich ja Benzin noch halbwegs leisten konnte und cruisen auch zu jener Zeit schon modern und beliebt war, fuhren wir einfach mit allen Fahrzeugen eine schöne grosse Stadtrunde, die natürlich über den Alten Markt in Mönchengladbach ging, damit man auch gesehen wurde! Heute würde ich das mit so einem Auto sicher nicht mehr machen. Aber damals war das so und es war eben eine Gaudi, es wurde geschwafelt, geraucht und dabei Musik gehört. Und wenn die Runde dann einmal zu Ende war, konnte man ja einen Stop im MC Drive einlegen. Nein, nicht um zu essen, dort ist doch niemand, lach. Nein, wir waren meistens dort zum Kaffee trinken. Und weil es damals dort immer zum Rühren so kleine Plastiklöffel gab, hatten wir schnell eine Beschäftigung gefunden. Als erstes wurde aus einigen dieser Löffel unter Verwendung eines Feuerzeuges ein Zigarettenhalter gebastelt, den man an den Kaffeebecher klemmen konnte und man nun die Zigarette nicht mehr festhalten musste. Nach und Nach wurden die Halterungen immer ausgefeilter und immer neue Versionen und Skulpturen wurden aus diesen Löffeln hergestellt. Einmal hat der Restaurantleiter sogar all diese Skulpturen mal in einer Ecke ausgestellt, der fand das auch immer lustig. Nach der Runde ging es dann natürlich wieder zurück zum Parkplatz am Friedhof. Ich glaube, das fanden nicht alle Anwohner immer so lustig, wenn wir dort abends standen, Musik hörten und rauchten. Manch einer kam schon mal raus und wollte uns dann vertreiben, aber eigentlich waren wir immer sehr harmlos und haben keinem was getan. War eben unser Treffpunkt und dafür waren wir auch recht bekannt. Obwohl uns nie jemand als Friedhofsgang bezeichnet hat. Wir hatten dort unseren Treffpunkt und wenn man mal nicht wusste, wohin, fuhr man erstmal dorthin und meist dauerte es nicht lange, bis der Nächste aufschlug und man konnte sich zu Zweit langweilen. Denn das Wort chillen gab es zu dem Zeitpunkt ja noch nicht. Der Fuhrpark war natürlich der damaligen Zeit angepasst! Es gab alle Fahrzeuge, die heute jedes Klischee problemlos bedienen würden:

Kapitel 3

Wenn man langsam aber sicher in die ZIG Jahre kommt

Wenn man dann so langsam aber sicher der Jugend entkommen ist und die Ausbildung geschafft hat, beginnt ein Prozess, den man als junger Mensch nicht für möglich gehalten hat: Der Alltag zieht ein! Im Prinzip ist der Alltag ja nichts anderes als das Verketten ähnlicher Arbeitstage mit dem Kalender. Jeder kennt ja irgendwo das Gefühl, das uns sogar in der Werbung noch eingetrichtert wird: Ja ist denn heut schon Weihnachten. Manchmal ertappt man sich dabei, das man sich schon gar nicht mehr so genau erinnern kann, welches Jahr das nochmal war, indem man so super mit den Kumpels im Urlaub war. Geht Euch das auch manchmal so. Also bei mir ist das so gewesen. Ich erzähle eine geschlagene Stunde vom genialen Urlaub letztes Jahr in dem und dem Hotel und dann werde ich unterbrochen und höre den für mich legendären Satz:

Das war vor zwei Jahren!!!

Nun trinke ich schon tägliche Voltax und Doppelherz aber so wirklich scheint mir das auch nicht zu helfen. Und für Red Bull mit Wodka ist es ja morgens auch ein wenig zu früh, oder??? Der Prozess, als Berufstätiger und Steuerzahler nun in den Alltag eingebaut zu sein, bereue ich eigentlich heute noch ein wenig. Auf einmal stellst Du fest, das Dir weniger Zeit für Kreatives bleibt, wenn Du mal wieder einige Zoten auf einer Party reißt, wirst Du schnell als Kasper verschrien und so langsam aber sicher fangen die ersten Wehwechen an! Das kann man doch als Mann gar nicht akzeptieren. Schon gar nicht, wenn man sich noch freut, das man mit dem Rauchen endlich aufgehört hat. Ich nenne das ein wenig Kapitalverlagerung. Als Raucher fördert man natürlich die Tabakwarenindustrie und wenn Du endlich erfolgreich aufgehört hast, förderst Du ganz schnell die Nahrungsmittelindustrie und die Modebranche. Ist schon ein komisches Gefühl, wenn Du in den Jeansshop Deines Vertrauens wanderst, nach der üblichen 34er Jeans fragst und dann vom Verkäufer (der bis vor 10 Sekunden noch ein Freund war) zu hören bekommst:

Hast Du in letzter Zeit mal in den Spiegel gesehen? Du bist einfach mehr geworden, nimm mal die 38er.

Na klar habe ich in den Spiegel geguckt, aber da man sich ja meistens selbst immer als schön empfindet, ist mir das natürlich nicht aufgefallen und die klemmende Jeans habe ich natürlich dem Wäschetrockner zugeordnet, das ist doch klar. Von diesem Tag an geht man natürlich viel offener mit dem Thema Gewichtszunahme um. Wenn man jemanden trifft, den man schon länger nicht gesehen hat und der einen ganz taktvoll auf die Körperfülle anspricht dann sage ich immer:

Früher habe ich geraucht und Sport getrieben, aber in letzter Zeit habe ich mich sehr erfolgreich aufs

Essen verlegt, das hat auch super geklappt! Im Stillen denke ich dann immer: Ich bin dick und Du bist hässlich, aber ich kann abnehmen. Vielleicht sollte ich mal wieder öfter laut denken......

Aber das ist ja auch wieder ein typischer Alltagskonflikt. Jeden Morgen schaut man sich nach der Dusche im Spiegel an und stellt natürlich kaum eine Veränderung fest. Was stören einen schon die paar Gramm Gewichtszunahme, die man doch eh kaum sehen kann. Wären da nicht die beiden seitlichen Auswucherungen, die man beim Hose anziehen (ja, immer noch die 34er) nicht mehr unterbekommen hat. Sollte der boshafte Verkäufer tatsächlich Recht haben? Niemals! Obwohl, früher wurde ich im Büro öfter mal gefragt ob ich mit den Mädels in die Stadt gehe...Aber dafür hat man ja dann doch keine Zeit mehr, man ist jetzt ja erwachsen und verändert seine Freizeitaktivitäten, oder? Die Sporttasche im Flur ist jetzt nicht mehr so in, lieber mal wieder ein Buch kaufen, das man auf der Couch mit Kartoffelchips lesen kann, mal öfter wieder zur Videothek (zu diesem Zeitpunkt meines Lebens gab es sowas noch in großem Stil) und Futter für den Videorekorder holen. An alle unter zwanzig Jahren, das ist der Vorläufer der DVD und in diesem Zusammenhang habt Ihr bei Euren Eltern auch schon die Begriffe Walkman und Schallplatte gehört. Das sind die Reliquien einer nicht ganz so technisierten Welt. Damals wäre ein Download wohl eher ein amerikanischer Straßenkreuzer gewesen. Ich habe meine Urlaubsfotos noch mit diesen ekligen Fotoecken in ein Pappalbum geklebt oder eines dieser tollen selbstklebenden Alben verwendet, wo man nachher die Bläschen wegrubbeln musste, das hat ein ganzes Wochenende gedauert und man hat sich die Bilder dabei tatsächlich noch angeschaut und daran zurückgedacht. Heute sind es ja ein paar Mausklicks und schon hat man den Urlaub chronologisch ins Nirvana der Festplatte geschoben. Ich glaube heute ist die Festplattenkapazität der privaten Haushalte ungefähr 100000 mal so hoch, wie die Gesamtleistung aller Computer im Verteidigungsministerium von 1985. Und ich denke, das ist noch geschmeichelt. Aber so ist das, die Preise purzeln da so schnell wie mir die Haare ausfallen. Mal sehen, wohin uns das noch führt. Vorteil ist natürlich bei all den technischen Segnungen des neuen Jahrtausends, das Du heute bei jedem Fußballspiel jede Szene so lange und von allen Seiten ansehen kannst, das der Schiedsrichter inzwischen wirklich die Ärmste Sau im Universum ist. Da war es doch zu Zeiten des ehrwürdigen Bökelbergs noch toll, wenn Du gemeinsam mit 34499 anderen erfolgreichen und langjährigen Fußballtrainern auf der Tribüne lautstark die Geschicke Deines Vereins leiten konntest. Aber ohnehin, Fernsehen hat wohl jeden Menschen in meinem Alter besonders geprägt. Als Kind musste man noch in Schwarz/Weiß die Sendungen sehen und als der erste Farbfernseher ins Haus kam, wurde dieser von zwei älteren Männern im weißen Kittel geliefert (waren das Doktoren?) Auf jeden Fall hat die ganze Nachbarschaft ehrfürchtig mit geschaut, als das Gerät hochgetragen wurde. Na, jetzt war ich in einem Alter, an dem man an solche Dinge wirklich ein wenig wehmütig zurückdenkt, obwohl es mir eindeutig widerstrebt, an „Damals" zu denken, das machen doch nur alte Menschen. Zeit vergeht und das immer schneller, je älter man wird. Aber die Zeit bringt auch neue Technik, neue Freunde, neue Begebenheiten. Man muss ja nur tagtäglich mit offenen Augen durch unsere schöne Welt laufen und schon hat man einfach nur Spaß. Schaut Euch in einem Supermarkt oder Baumarkt einfach mit offenen Augen um, es dauert gar nicht lange und Ihr kommt aus dem Lachen gar nicht mehr raus. Mittlerweile kommen wir alle ja auch kaum noch raus. Dank der sozialen Netzwerke können wir jetzt mit all unseren Lieben oder auch den weniger Lieben kommunizieren. Wir berichten stolz, das wir gerade einkaufen gehen wollen, wir zeigen unsere neuen Schuhe. Was auch immer, es macht einfach Spaß. Und weil auch mir das so viel Spaß macht, bin ich natürlich auch neu dabei und schaue mich in der riesigen Welt der sozialen Netzwerke um. Einmal die Woche berichte ich da immer in meinem Blog zur Lage der Nation und setze meiner Heimat eine Kappe auf. Und weil ich dort immer ganz nette Resonanzen erhalte, verändert sich dieses Buch jetzt. Ich hänge Euch auf den nächsten Seiten einfach meine Lieblingsblogs in Textform an und zwar genau in der Reihenfolge, wie ich sie auch geschrieben habe. Es wird daher noch ein wenig dauern, bis dieses Buch mal fertig ist, aber gut Ding will Weile haben und wahrscheinlich wird es ja eh nicht so oft verkauft, da macht es ja nichts. Also wünsche ich Euch viel Spaß mit meinen Blogs, die ab heute hier beginnen!

Vielleicht ist es ja auch lustig, wenn Ihr die einfach von hinten aus lest, dann habt Ihr den aktuellsten zuerst! An dieser Stelle möchte ich natürlich bemerken, das meine Statements einzig und alleine einen satirischen Hintergrund haben und als Comedy zu verstehen sind. Für den Anlass haben aber meist die entsprechenden Personen des öffentlichen Lebens selbst gesorgt und sind dafür auch sicherlich in den Medien bereits entsprechend gewürdigt worden. Ich gebe nun noch mal ein wenig Salz dazu und bereite das entsprechend auf.

Samstag, 23.02.2013 Zur Lage der Nation
Blog 1: Unsere Bundeshauptstadt

Heute ist mein erster Samstag auf FB. Was liegt also näher, als ein Statement zur Lage der Nation abzugeben!! Kümmern wir uns also heute einfach mal um unsere neue und grossartige Hauptstadt Berlin!

"Wir sind nicht reich, aber Sexy" so soll der regierende Bürgermeister seine Stadt genannt haben....Nun ja, das kann schon sein......aber ich habe eher eine Äußerung eines anderen Bürgermeisters vor Ihm im Kopf, die heute eigentlich eine ganz neue Bedeutung bekommt. Während der Blockade durch die sowjetische Besatzung sagte Ernst Reuter vor langen Jahren

"Völker dieser Welt, schaut auf diese Stadt........"

und ich ergänze dazu, denn hinfliegen könnt ihr nicht!!! Die Stadt hat sich wieder mit einer eigenen Blockade abgenabelt. Ein riesiger Tross von "Fachleuten" hat es geschafft, aus einem Flughafenprojekt die Posse des Jahrzehnts zu machen. .Das verdient Respekt! Hoffentlich haben die nicht noch mehr vor........Aber es müssen ja auch Lösungen her, daher schlage ich vor:

Wir lagern Berlin und seinen Bürgermeister in eine Badbank aus, sitzen dann das ganze mal ein paar Monate aus und streuen ein paar Gerüchte in anderen Bundesländern. Dann schließlich geben wir eine nagelneue und todsichere Anleihe für den Flughafen raus und verhökern diese dann meistbietend an den EU -

Rettungsschirm. Von dem Erlös lassen wir dann den gesamten Flughafen schön überdachen und machen daraus den größten Bauspielplatz Europas mit einem Badesee, wo jeder ein wenig mitmachen und bauen darf, also so wie jetzt auch. Das macht zwar auch nicht reich, aber ist ja vielleicht ein wenig sexy......

Bis kürzlich!

Samstag, 02.03.2013 Zur Lage der Nation

Blog 2: Peer Steinbrück

Heute ist mein zweiter Samstag auf FB. Was liegt also näher, als ein Statement zur Lage der Nation abzugeben. Kümmern wir uns also heute mal um Peer Steinbrücks neuesten Fauxpas.

Da hat sich also der selbstverkannte Spitzenkandidat wieder mal eine grandiose Entgleisung
geleistet. In seiner eigenen Interpretation heißt das einfach Klartext. Was ist denn schon dabei, wenn man die von Italiens Volk gewählten Repräsentanten einfach mal als Clowns
bezeichnet. Da haben wir unseren vielleicht zukünftigen Bundeskanzler bestimmt nicht richtig
verstanden! Er hat das bestimmt sinnbildlich gemeint. Er wollte bestimmt nur ausdrücken, das es oftmals einer jahrzehntelangen Arbeit und unerträglichen Mühen bedarf, um als Clown sein Publikum zu begeistern und sein Wohlwollen, sprich Wahlvotum zu erhalten. Okay, daran gemessen ist Peer Steinbrück vielleicht auch erst im Praktikantenstatus angekommen, aber ob Learning by Doing and Misunderstanding die richtige Variante ist weiß ich jetzt auch nicht.
Die Lacher der Gegenseite hat er sich jedenfalls eindrucksvoll gesichert.

Aber es müssen ja auch Lösungen her, daher schlage ich vor:

Peer Steinbrück wird in seinem Wahlkampf als Clown verkleidet durch die Lande ziehen und auf seinen Plakaten steht: Ich lerne noch! Damit hätte er vielen Politikern was voraus und auf
jeden Fall meinen Lacher auf seiner Seite!

Bis Kürzlich

Samstag, 09.03.2013 Zur Lage der Nation
Blog 3: Unsere Landeshauptstadt II.

Heute ist mein dritter Samstag auf FB. Was liegt also näher, als ein Statement zur Lage der Nation abzugeben. Kümmern wir uns heute mal um, was denn??? Schon wieder, das ist völlig unmöglich! Doch es geht wieder um den Flughafen in Berlin und um seinen künftigen Oberstrategen: Herrn Mehdorn. Also ich habe da eine eigene Verschwörungstheorie, deren Ursprung noch zu Zeiten der Berliner Mauer liegen muss.....

Jahrelang als Schläfer gut getarnt bei der vor sich herdümpelnden Bahn untergebracht, die unter dem helfenden Schirm aller Regierungen stand, hat er sich das notwendige Wissen angeeignet, um bei vollkommener Ahnungslosigkeit und intuitiver Interessenlosigkeit ein
Unternehmen zu einem Global Player hochzurüsten, das eigentlich nur Fahrgäste pünktlich von A nach B transportieren sollte. Naja, man kann ja nicht alles haben. Die paar Millionen Verspätungen und Beschwerden kann man ja auch gut aussitzen und dem Winterwetter anlasten.

Aber unser Schläfer hat ja damit nicht genug......Um sich der Materie Flughafen zu nähern, hat er dann ja mal die Air Berlin auf wackligere Füße gestellt. Da heißt es nun: Fahrwerk einziehen und Motoren auf Sparflamme....

Und nun kommt das Meisterstück. Nach all diesen Erfolgen unterstützt er nun das Expertenteam rund um den neuen Flughafen in Berlin. Das können sich doch nur ein paar
Funktionäre im Keller der Normannenstrasse ausgedacht haben, anders kann das nicht sein.

Aber es müssen ja auch Lösungen her, daher schlage ich folgendes vor:

Als Motivationstrainer für alle kommt nun auch noch Ede Stoiber ins Team und wird alle
mit seiner Antrittsrede begeistern:

"Wenn einer mit der Bahn zum neuen Flughafen fährt und steigt in einen verspäteten Zug, dann verpasst er also später ein Flugzeug, das nie gestartet wäre und ist damit praktisch
niemals im Urlaub".

Bis kürzlich!

Samstag, 16.03.2013 Zur Lage der Nation
Blog 4: Silvio Berlusconi

Heute ist mein vierter Samstag auf FB. Was liegt also näher, als ein Statement zur Lage der Nation abzugeben! Kümmern wir uns heute mal um Silvio Berlusconi! Ein Mann, an dem eigentlich grundsätzlich alles abprallt, was ihn nicht interessiert oder gefällt. Schauen wir doch mal genauer hin.....Ich frage mich da immer, was an ihm schwärzer ist: Der tiefe Abgrund seiner Seele oder das Färbemittel seines inzwischen doch etwas weniger werdenden
Haares. Wie dem auch sei, für uns Männer ist er ja irgendwie ein Schlag ins Gesicht oder? Alt und machtgierig schafft er doch immer wieder das, wovon viele träumen: Im hohen Alter mit Bunga-Bunga Partys das Leben in ausschweifenden Zügen genießen. Klar, wir schütteln da alle den Kopf und sagen, wie schrecklich....Innerlich denken wir doch, der Sack hat es mal wieder geschafft, oder? Was kümmern da schon die seit Jahrzehnten immer mal wieder anhängenden Gerichtsverfahren wegen irgendwas hier und da! Sind doch Peanuts!
Ich habe ja die Theorie, das die Verfilmungen des Paten ja eigentlich auf ihm beruhen...und wenn man die Augen mal schließt und sieht sich den Film mit Berlusconi anstelle von Marlon Brando an, stellt man fest: Ja, kann passen....

Aber es müssen ja auch Lösungen her und daher schlage ich folgendes vor: Auch wenn eine Neuverfilmung des Paten sehr reizvoll wäre, passt das ja heute

nicht mehr wirklich. Also mache ich mal ein Angebot, welches er eigentlich nicht ablehnen kann.
Silvio kommt nach Deutschland und wir bringen ihn einfach mal ganz unverbindlich mit
Bert Wollersheim zusammen. Die Beiden ziehen zusammen in eine WG und wir schauen
einfach mal zu, was draus wird. Ich glaube: Mehr geht nicht!!!

Bis kürzlich!

Samstag, 30.03.2013 Zur Lage der Nation
Blog 6: Ostersamstag im Supermarkt

Heute ist mein sechster Samstag auf FB. Was liegt da näher, als ein Statement zur Lage der Nation abzugeben. Kümmern wir uns heute mal um das ostersamstägliche Gedrängel in unseren Supermärkten.

Also ich geh da ja nur zwangsweise hin, weil ich, dusselig wie ich nun mal bin, wieder irgendwas vergessen habe. Aber, Vorbereitung tut not. Von daher schlüpfe ich erst mal in die Sicherheitsschuhe, da mir ohnehin in wenigen Minuten entweder ein vollgepackter Einkaufswagen oder ein expeditionstauglicher Drillingskinderwagen derart in die Hacken gedonnert wird, das ich im Normalfall wie Rumpelstilzchen umherspringen würde, hätte ich dem nicht clever vorgesorgt. Gut auch, das ich immer eine meiner alten Jeanshosen zum einkaufen anziehe, da macht es nix aus, wenn eines dieser losgelassenen Kinder sich später im Gedränge an der Kasse mal die Hände dezent abwischt. Aber es ist ohnehin ein toller Anblick: Ich freue mich immer, wenn ich meine Einkaufsliste fertig habe und losziehen kann, um all die Leckereien einzukaufen, mit denen ich mir ein schönes Ostermenü koche und auf die ich mich freue. Die Realität wirkt da irgendwie ein wenig anders…… Schaut man in die Gesichter der Einkaufsgeplagten Konsumterroristen in seinem Markt, scheinen die Ernährungsfrage und die anstehenden Osterfeiertage doch schon Spuren zu hinterlassen haben, noch ehe sie eigentlich richtig angefangen haben….Und wehe, jetzt ist das MHD auf der Milch nur 4 Tage nach Ostern……Nachdem schon die Lieblingswurst aus dem SB Regal vergriffen war, droht nun eine verschärfe Eskalation der familiären Ernährungslage, gepaart mit einem chronischen Aggressionspotential, welches sich spätestens beim Anstehen in der Kassenschlange lautstark entladen wird..Wehe, wenn die Scannerkasse nun noch einen deutlich höheren Preis ausgibt, als der Familienpatriarch im Kopf errechnet hat. Dann ist es an der Zeit, hinter seinem Einkaufswagen in Deckung zu gehen und einen mitleidsvollen Blick auf die Kassiererin zu werfen.

Aber es müssen ja auch Lösungen her und daher schlage ich vor: Wenn Sie merken, das Sie so einen gestressten Menschen hinter sich an der Kasse haben, drehen Sie den Spieß einfach mal rum und halten ihm den Spiegel vor. Zwinkern Sie der Kassiererin freundlich zu, damit sie gewarnt ist und dann geht es los. Sie tun so, als wären Sie halb taub und lassen sich den Preis Ihres Einkaufs mehrfach laut ansagen und sagen ihn bewusst immer falsch nach. Dann kramen Sie Ewigkeiten in Ihrer Geldbörse, um passend zu zahlen, kippen diese dann (wie sicher schon mal erlebt) einfach vollständig auf dem Kassenband aus. Spätestens jetzt, wird sich Ihr nachfolgender gestresster Problemfall lautstark über sie bemerkbar machen. Nun kommt Ihr Moment: Galant zücken Sie Ihre EC Karte , lächeln kurz und sagen: Ach , da ist sie ja, dann kann ich das Kleingeld ja wieder einpacken…..Es wird ein innerer Spaß für die Ewigkeit und die Kassiererin wird es Ihnen danken….

Bis kürzlich

Samstag, 06.04.2013 Zur Lage der Nation
Blog 7: Die aktuelle Wetterlage

Heute ist mein siebter Samstag auf FB. Was liegt also näher, als ein Statement zur Lage der Nation abzugeben. Kümmern wir uns heute mal um die allgemeine Wetterlage unser es Landes.

Also es ist ja echt wie verhext. All unsere Klimaforscher und Wettergeologen haben uns ja mal prophezeit, das wir unseren Kindern und Enkelkindern schon in wenigen Jahren nur noch Bilder vom Schnee zeigen können, weil es bald kaum noch welchen geben wird. Mensch, da können wir ja echt froh sein, das wir in diesem Jahr noch einmal so reichhaltig Gelegenheit hatten, mit unserer heutigen Digitaltechnik Schneeaufnahmen zu machen, die wir nun für die Ewigkeit konservieren können, um immer etwas Schnee vorrätig zu haben. Da hat sich doch die neue Multifunktionskamera unter dem Weihnachtsbaum mal so richtig gelohnt. Ich verstehe die Aufregung ums Wetter eh nicht. Es findet ja sowieso auch ohne meine Zustimmung statt und außerdem ist es doch toll. So kann ich endlich einmal die ganzen Vorzüge meiner kürzlich erworbenen und sündhaft teuren Multifunktionsjacke eines bekannten Outdoor –Ausrüsters endlich einmal unter realen Bedingungen testen. Noch nie wurde mein ausgeschwitztes Kondenswasser beim Schnee schaufeln und Auto freikratzen so effektiv über die Klimamembrane nach außen geleitet. Gut, beim Schneeschaufeln hab ich das nicht wirklich gemerkt, aber ein gutes Gefühl ist es ja, oder??? Ich glaube, ich werde die Jacke

auch anziehen, wenn in Kürze die Abrechnung der Heizkosten vorliegt. Da kann die Jacke denn mal wirklich zeigen was sie kann…..
Aber ich glaube, hier ist auch mal die Politik gefordert. Weil wir doch alles so toll regeln in unserem schönen Land, sollte es auch einmal klare Regeln für das Wetter geben. Ich glaube, die sind leichter einzuhalten, als die Wahlversprechen unserer Politiker. Nur so ein kleiner Denkansatz…

Aber es müssen ja auch Lösungen her, daher schlage ich folgendes vor: Die wöchentliche Wettervorhersage wird künftig einfach eine Woche vorher von den regierenden Parteien vorgegeben. Das wird zwar die Wetterlage nicht wirklich beeinflussen, aber wenn das Wetter dann nicht so ist, wie wir es gerne hätten, können wir wenigstens unseren Politikern die Schuld in die Schuhe schieben. Die merken das eh nicht und gehen ganz galant zur Tagesordnung über.
Das wäre doch mal ein Anfang, oder?

Bis kürzlich

Samstag, 13.04.2013 Zur Lage der Nation
Blog 8: Unsere Autobahnen mit allem Drum und Dran

Heute ist mein achter Samstag auf FB. Was liegt also näher, als ein Statement zur Lage der Nation abzugeben. Kümmern wir uns heute mal um unsere Autobahnen mit allem Drum und Dran.
Kennt Ihr das auch? Mann steht morgens fröhlich auf, die Aktentasche ist gepackt, das Navi ist programmiert, an der Tanke noch schnell den Kaffee geholt und sorgsam in der Mittelkonsole im passgenauen Becherhalter verstaut, Dein Radiosender spiel just in dem Moment Deinen aktuellen Lieblingssong, die 50 Km bis zum ersten Termin vor Augen sitzt man im vollgetankten Auto, das man am Wochenende noch schön ausgesaugt hat und fährt auf den Zubringer……

Etwa 30 Minuten später sieht das ein wenig anders aus……Der Kaffee ist längst ausgetrunken, Du hast den Sender schon gewechselt, weil Du die fröhliche Morgenmusik von irgendeinem noch fröhlicheren Morning Man nicht mehr hören kannst, der mit noch viel fröhlicherer Stimme die aktuellen Staumeldungen vorliest und dabei doppelt so lange braucht, wie Werbung und Nachrichten zusammen…..Seit 12 Minuten schaust Du zu , wie 8 andere Arbeiter vom Straßenbau einem anderen Arbeiter dabei zusehen, wie er an einer völlig intakten und erst vor wenigen Wochen freigegebenen Autobahn den rechten Fahrstreifen mit seinen Pylonen vom fließenden Verkehr abtrennt. Du stehst auf der linken Spur, siehst vor Dir immer nur die weiße Ladewand des großen Kastenwagens, der Dich beim Auffahren auf die Autobahn noch abgedrängt hat und den Du innerlich noch verfluchst, weil Du gerade an Deinem Kaffeebecher genippt hast und leider der Deckel nicht gehalten hast....Spätestens dann weißt Du, jaaaaaa ich bin auf der Autobahn...

Also ich verstehe da auch die Aufregung um Tempo 120 auf allen Autobahnen nicht! Ich bin sofort dafür. Ich möchte endlich wieder einmal spüren, wie das ist, wenn das 7 stufige Automatikgetriebe meines Mittelklassewagens sanft die Gänge heraufschaltet und die 140 PS meinen Boliden nach kurzer seit auf die Geschwindigkeit von 120 beschleunigt. Leider ist das schon lange nicht mehr vorgekommen......Vielleicht sollte man eine Geschwindigkeitspflicht einführen????

Aber es müssen ja auch Lösungen her, daher schlage ich vor: Liebe Straßen und Verkehrsplaner in NRW, schaut Euch bitte bitte bitte mal die Autobahnen und Straßen an, ehe Ihr da an Eurem warmen und staufreien Schreibtischplatz an millionenschweren Simulationsprogrammen die Auswirkungen Eures törichten Handelns testet. Vielleicht spielt Ihr das besser vorher mal auf Eurem Smartphone auf German Autobahnerama durch und guckt, das Ihr Level 9 erreicht, denn dann habt Ihr automatisch „Mein kleiner Ponyhof" freigeschaltet und da ist die Welt noch in Ordnung.

Bis kürzlich

Samstag, 20.04.2013 Zur Lage der Nation
Blog 9: Unsere Kanzlerin Angela Merkel

Heute ist mein neunter Samstag auf FB. Was liegt also näher, als ein Statement zur Lage der Nation abzugeben. Kümmern wir uns heute mal um , was, das darf doch nicht wahr sein....
Wie konnte das passieren? Ja, wir kümmern uns um Angela Merkel, die gerade aus der Liste der 100 einflussreichsten Personen des Time Magazine herausgeflogen ist. Also das ist doch der Hammer....Während sich Rapper Jay – Z, Justin Timberlake und die Obamas problemlos Ihren Platz sichern konnten, musste unsere liebreizende und allseits geschätzte First Lady Ihren Platz räumen. Wie konnte das nur geschehen?? Okay, sie ist kein Held in Strumpfhosen, sondern eher die Drohne im Hosenanzug, mal von Ihrem Blümchenkleid in der Wendezeit abgesehen. Und wenn man Ihr nachsagt, sie habe Haare auf den Zähnen, dann mag das doch im Vergleich mit der just verschiedenen Eisernen Lady von der Downing Street eher wirken wie kleine Wattebäuschen. Aber wenn man sieht, das der nordkoreanische Kim Jung was weiss ich dort seinen Platz gefunden hat, unter uns, die meisten Jüngeren unter uns halten den doch für einen Bruder von Gangnam Psy, dann weiß ich auch nicht so wirklich weiter, ob das gut ist. Na, aber Angie kann ja auch nicht überall die erste Bügelfalte, ähm Geige spielen und sie hat sicherlich mit Zypern, Europa, Horst Seehofer und Ihren anderen Vasallen mehr als genug zu tun. Also wenn ich bedenke, das man unbelehrbare Kinder zu den strengsten Eltern der Welt schickt, dann ist das hier in Deutschland ja eher anders rum....Da

kommt die Mutti selbst zu Ihren Schäfchen und bringt diesen Sack voller Flöhe zur Raison. Was natürlich die politische Gegenseite immer wieder anstachelt , eine Breitseite abzufeuern......

Und da sind wir doch auch schon bei einer Lösung die her muss, wir brauchen doch kein Ranking vom Time Magazine, wir machen doch einfach die Hitparade der Bild Zeitung und da steht Sie doch bestimmt ganz weit oben. Und für Kim Jong was weiß ich habe ich auch eine Lösung: Der Mann von der lästigen Seitenbacher Müsli Werbung liest dem Nordkoreaner solange aus der aktuellen Apotheken Umschau vor, bis der freiwillig zum Arzt geht und vergessen hat, was er eigentlich ist.

Bis kürzlich

Samstag, 27.04.2013 Zur Lage der Nation
Blog 10: Uli Hoeneß

Heute ist mein zehnter Samstag auf FB. Was liegt also näher, als ein Statement zur Lage der Nation abzugeben. Kümmern wir uns heute mal um dreimal dürft Ihr raten, wer könnte es wohl heute sein? Es kann nur einen geben: Uli Hoeneß!!
Ja, nun sitzen wir alle immer noch völlig baff vor dem Nachrichten Ticker und können das ja fast nicht glauben. Uli, die Lichtgestalt des Fußballmanagers im Visier der Steuerfahnder. Die Meldungen überschlagen sich genauso schnell wie die Schätzungen der angeblichen Summen.
Nun hat also die Realität auch den immer so als Saubermann geltenden Manager eingeholt und ihn endlich mal menschlich werden lassen. Ich finde das gar nicht schlimm. Sorgt es doch für Nahrung in der immer schneller drehenden Nachrichtenwelt, wo die Gier nach neuen Skandalen viel grösser ist, als die Rücksicht auf Menschen und dem erforderlichen Respekt Ihnen gegenüber. Aber wir wollten ja über die Steuerverfehlungen sprechen. Das kennt doch eigentlich jeder von uns. Wir schummeln hier ein bisschen bei der Steuererklärung, zahlen unsere KFZ Steuern immer mal erst auf den letzten Drücker…Der Uli ist da eben praktischer veranlagt: Warum auf den letzten Drücker zahlen, wenn man sich drücken kann. Ist doch an sich ein guter Plan. Wenn ich überlege, das ich Ruck Zuck eine Parkkralle am Auto habe, wenn ich meine Steuern zu spät zahle, dann wird es Zeit, eine kleine Rechnung anzustellen…..

Wenn der Wagen eine Steuerlast von 100,00 Euro im Jahr hat und ich zahle nicht, habe ich eine Kralle an meiner 19 Zoll Felge (das sind grob aufgerundet 50cm). Nun nehmen wir den Mittelwert bei Uli Hoeneß aus allen Meldungen, das dürften dann 10 Mio. € sein!
Das entspricht dann, wenn ich mich jetzt nicht verrechnet habe 100.000 Parkkrallen .Mit diesen Parkkrallen hätte man die Außenhülle der Allianz Arena in München vollständig verkleiden können und die Arena hieße dann Finanzamt Arena, was ja auch mal nicht schlecht gewesen wäre. Aneinandergereiht ergeben diese Krallen eine Strecke von immerhin 50km, was wiederrum eine eher durchschnittliche Laufleistung einer Fußballmannschaft für eine Halbzeit wäre.
Aber es müssen ja auch Lösungen her, daher schlage ich folgendes vor: Der Uli bringt diese 100.000 Krallen einzeln zum Finanzamt zurück und erhält für jede einen Ablassschein. Diese Scheine pressen wir am Ende zu schönen Grillanzündern. Und da der Uli in der Zeit ja sicherlich kleine Brötchen backen muss, passen die doch prima zu den kleinen Würstchen, die er ohnehin schon produziert. Und wenn wir diese Würstchen dann mit den Anzündern von Uli grillen, hat sich das kleine Steuerproblem in Rauch und Wohlgefallen aufgelöst!

Bis kürzlich!

Samstag, 04.05.2013 Zur Lage der Nation
Blog 11: Der bayrische Landtag

Heute ist mein elfter Samstag auf FB. Was liegt also näher, als ein Statement zur Lage der Nation abzugeben. Kümmern wir uns heute mal um den bayrischen Familientag, ähm wollte sagen Landtag.
Das ist ja mal wieder ein Kracher aus unserer bajuwarischen Provinz. Während sich Millionen von Arbeitssuchenden Tag für Tag in überfüllten Jobcentern um einen Job bemühen, wird so etwas in Bayern auf dem kleinen Dienstweg geregelt...Der gemeine bayrische Landtagsabegeordnete hört sich mal kurz um, ob in der Verwandtschaft noch ein Job gesucht wird und zack, erledigt....Ist doch toll, wie man so seine direkten Verwandten, einschliesslich Ehefrau, Bruder , Schwester oder sonst wen noch in Lohn und Brot bringen kann. Ich find das Klasse, alleine wieviel Papier und Porto da gespart wird, wenn die ungezählten Bewerbungsmappen hin und zurück geschickt werden. Und überhaupt, auf wen kann man sich denn in so einem Amigo-Job noch verlassen, wenn nicht auf die eigene Familie....Und was noch viel wichtiger ist: Bei all diesen Jobs kommt auch niemals die Diskussion um Mindestlöhne auf, weil sie offenbar ganz ordentlich bezahlt werden. Da fällt es dem Abgeordneten auch gleich viel leichter, offen und lautstark für Mindestlöhne einzutreten, damit die Wirtschaft wieder angekurbelt wird. Also, die Vetternwirtschaft ist ja dann schon gut angekurbelt.....
Ich stelle mir dann so einen Arbeitstag richtig lustig vor: Der Bruder bearbeitet die Fanpost, die Ehefrau schreibt die Reden, der Onkel wird zum Bürovorsteher

ernannt und gut gelaunt macht sich dann das gesamte Familienunternehmen auf zur nächsten Sitzung oder zum Parteitag. Wenn dann das Wetter noch mitspielt, gibt es dann auf den angrenzenden Wiesen des Landtags immer ein schönes Familiengrillfest, zu dem der geplagte und gestresste Politiker nach seinen Sitzungen zurückkehren kann um im Kreise seiner Lieben den Tag mit Würstl und Weissbier ausklingen zu lassen. Politikerherz, was willst Du mehr. Das nenne ich doch mal Familienidyll.Aber nun soll dem Ganzen ja ein Riegel vorgeschoben werden. Langsam aber sicher scheinen die Verantwortlichen gemerkt zu haben, das man das in der heutigen Medienlandschaft nicht mehr einfach so weiterlaufen lassen kann. Respekt, das hat nur wenige Jahre gedauert....Und nun soll bald Schluss sein mit dieser Familienbande. Und genau an dieser Stelle komme ich wieder ins Spiel, denn es müssen ja auch Lösungen her und daher schlage ich folgendes vor:In dem Moment, an dem die neue Regelung gilt, das ein Politiker seine Verwandten nicht mehr einstellen darf, wendet er sich vertrauensvoll an einen seiner Kollegen, am besten grundsätzlich zu dem an seiner Rechten. Dieser stellt nun die Familienangehörigen seines Kollegen bei sich ein, sofern die beiden nicht miteinander verwandt sind. Umgekehrt natürlich genauso. Damit ist den neuen Regelungen genüge getan und vor allem bleiben all diese gut ausgebildeten Fachkräfte dem Landtag in Bayern erhalten. Wäre doch schade, wenn wir bei unserem ohnehin schon grossen Fachkräftemangel einen solchen Aderlass hinnehmen müssten. Das können wir uns doch noch nicht einmal in Bayern erlauben, oder????
Bis kürzlich

Samstag, 11.05.2013 Zur Lage der Nation
Blog 12: Castingshows am Samstag

Heute ist mein zwölfter Samstag auf FB. Was liegt also näher, als ein Statement zur Lage der Nation abzugeben. Kümmern wir uns heute mal um die lästigen Samstagabend Casting Shows.

Ist das nicht mittlerweile anstrengend? Jeden Samstag ist auf einem unserer geliebten TV – Kanäle ohne Bildungsauftrag wieder ein Finale eines Talentwettbewerbes. Wie gebannt sitzen wir vor der Flimmerkiste, das Notfallpack für die völlig unerwarteten PAW´s (plötzlich auftretende Werbepause) bestehend aus einem Sixpack, 3kg Kartoffelchips und dem Smartphone für den Austausch über die Fan-App liegt griffbereit neben uns und eigentlich könnten wir mitfiebern, wer es denn nun wird aber irgendwas stimmt nicht! Und dann merken wir das erst. Die dargebotenen Gesangsbeiträge, die tatsächlich bei einigen großes Talent aufblitzen lassen, dienen doch nur der Selbstbeweihräucherung von ausgedienten Kanarienvögeln der Unterhaltungsindustrie, die vermutlich den Sprung ins Finale ohnehin niemals geschafft hätten. Getoppt wird das Ganze dann immer noch von einem sprücheklopfenden Großhirn, dessen Hemmschwelle ganz weit unten anzusehen ist. Ich glaube, bei manchem fängt die Gürtellinie erst unterhalb der Kniekehle an. Und das finde ich dann doch sehr gemein. Wenn der Sieger der Castingshow ein paar Monate später bei der Wiedereröffnung eines ländlich gelegenen Sonderpostenmarktes seinen verbliebenen 80 Fans einen phantastischen 12 Minuten Playback Auftritt schenkt, kümmern sich die

Oberjuroren schon wieder um Nachschub für unsere durch unzählige Vorfinalrunden geschädigte Ohren, das wir dankbar sind, wenn uns unser bester erfolgloser Castingkandidat Menderes wieder einmal etwas vorsingen darf.

Aber es müssen ja auch Lösungen her und daher schlage ich vor, die 5 am meisten abgelederten Casting Teilnehmer, die es von der Jury so richtig gekriegt haben, werden nun in 20 Einzelshows bei 20 Möbelhauseröffnungen die Gesangsleistungen Ihrer damaligen Jury kritisch kommentieren und bewerten und wir Fernsehjünger stimmen dazu ab und erhalten für jeden Anruf 50 cent zurück. Wenn wir dieses Geld dann spenden, können wir locker 100 echte Talente mit professionellen Coaches unterstützen und gehen dann mal wieder gerne in einen Plattenladen und kaufen dort einen unserer Superstars. Schön wäre das doch, oder?

Bis kürzlich

Samstag, 18.05.2013 Zur Lage der Nation
Blog 13: Der Pfingsttourismus

Heute ist mein dreizehnter Samstag auf FB. Was liegt also näher, als ein Statement zur Lage der Nation abzugeben. Kümmern wir uns heute mal um den Pfingsttourismus und Fahrten in die Niederlande.

Es ist ja schon erstaunlich, was sich so am Pfingstwochenende in unserer Grenzregion so abspielt. Wie in jedem Jahr beginnt am Freitag vor Pfingsten der unglaubliche Wagentreck in Richtung Renesse, einem eigentlich verschlafenen, kleinen Ort an der Holländischen Nordseeküste. Einem Exodus gleich pilgern 10000sende feierwütige Teutonen gut ausgerüstet mit Bier, Durst, Bier, Durst und noch ein wenig Bier in Richtung Niederlande. Gäbe es noch eine Grenzkontrolle, wie in den guten alten Zeiten der Kindheit, als man jede Woche beim anstehenden Kaffee- und Zigarettenschmuggel der Eltern mit über die Grenze fahren durfte und dafür Wartezeiten von 30 Minuten bei der Passkontrolle in Kauf nahm, bekämen die Grenzer heute feuchte Augen, welche Karawane dort auf die Grenze zurollt. Gut, in der Kinderzeit war ja die Schlange auf der anderen Seite zur gleichen Zeit genauso lang, weil ja auch alle Holländer den Samstag nutzen, um mal schön einzukaufen. Da wurde es erst am Mittag eng, wenn der Deutsche Zoll schon Mühe hatte, noch die Übersicht zu behalten und sorgsam in Handschuhfächer blicken musste und unter Fahrersitzen nach eindeutigen Beweisen von Schmuggelgütern in Form von Zigaretten und Kaffee zu suchen. Rauchbare Kräuter waren glaube ich damals noch nicht so im

Fokus, das sollte erst später kommen. Aber ich könnte mir eigentlich vorstellen, das der Begriff grüne Grenze auch etwas mit all den rauchbaren Kräutern zu tun hat, die man in den Coffie-Shops jenseits der Grenze erwerben konnte. Passen würde es ja vom Begriff her.
Nun sind auch unsere fröhlichen Pilgerer inzwischen in Renesse angekommen und bevölkern dort so ziemlich jeden Campingplatz und jede Pension, die geöffnet hat. Schließt man die Augen und hört sich die Gesänge und das Gegröle an, könnte man meinen , das man gerade am Ballermann angekommen ist. Weitere Details unserer bierseligen Pfingsttouristen spare ich mir natürlich und überlasse die unserer von Fremdschämgedanken geplagten Phantasie. Tröstlich zu wissen, das inzwischen viele Einwohner aus Renesse die Pfingsttage nutzen, um mal an anderer Stelle ein paar ruhige Tage zu genießen. Verdient haben sie es sich, unsere gastfreundlichen Nachbarn von der Küste.
Aber es müssen ja auch Lösungen für diesen Exodus her und diesmal ist die Lösung leider so brutal wie einfach. Wir brauchen nur etwas Zeit und warten ab. Da ja all unsere verdienten Politiker und Staatschefs auf der ganzen Welt beim Klimaschutz so vorbildlich zusammen arbeiten, wird es leider ja nur noch wenige Jahre dauern, bis der Nordseestrand etwa 2km vor der Stadtgrenze von Mönchengladbach angekommen ist. Und wenn dann die Horden fröhlicher Dauerbiertrinker und Partywütigen ihre Zelte vor den gut gepflegten deutschen Gartenanlagen aufbauen, möchte ich gerne mal Mäuschen spielen, wie das ganze weitergeht. Ich denke dabei nicht mehr an Ballermann und Trinkgelage……
Bis kürzlich

Samstag, 25.05.2013 Zur Lage der Nation
Blog 14: Der Hinterbichl-Treff

Mein heutiges Statement ist allen HIBI Fahrern und Fahrerinnen gewidmet, auch jenen, die ich nicht kenne in Erinnerung an die schönste Zeit der Jugend!

Heute ist mein vierzehnter Samstag auf FB. Was liegt also näher, als ein Statement zur Lage der Nation abzugeben! Heute ist ein Samstag, an dem alles ein klein wenig anders ist. Als ich wach wurde, dachte ich ganz kurz, es ist wieder 1985 und ich muss mich beeilen, damit ich im Speisesaal vom Bubenhaus noch Frühstück bekomme, ehe es wieder auf Bergtour geht.

Wenn Ihr jetzt glaubt, jetzt rastet er ganz aus, keine Sorge. Gestern Abend war ein Revivaltreffen mit allen Freunden aus der Jugendzeit, die wir im Sommer nur zu gern in Österreich verbracht haben. Und gestern Abend, bzw. heute morgen, haben wir diese Zeit wieder lebendig werden lassen. Viele können das vielleicht nicht, aber wir konnten das sehr, sehr gut. Wenn jemand wissen möchte, wie dieses Gefühl ist, wenn man nach langer Zeit wieder einmal alte Freunde trifft, umarmt und drückt, dann sage ich Euch:

Das ist einfach nur grossartig!!!

Einen Abend lang wieder 15,16 oder 17 zu sein , alte Bilder anzuschauen, Anekdoten von früher auszutauschen und an gemeinsame Bergtouren und mehr zu denken, das war ehrlich ganz großes Kino. Auf einmal denkst Du wieder an Walkman und Musikkassetten!!! Du schaust ungläubig auf Bilder, auf denen Du abgebildet bist und kannst gar nicht nachvollziehen, das Du wirklich diese Klamotten getragen hast!!! Einfach nur herrlich.

Je länger der Abend wurde, desto mehr alte Geschichten und Personen kehren zurück ins Gedächtnis. Jene kostbaren, kleinen aber glückseligen Erinnerungen an eine Jugendzeit, die zwar nicht mehr zurückkommt, deren Erinnerung aber beinahe so köstlich ist, weil man sie selbst erlebt hat und nun auf einmal wieder Teil davon ist.

Heute muss also keine besondere Lösung her, weil sie einfach schon auf der Hand liegt:

Es dürfen nicht noch einmal 28 Jahre vergehen, ehe wir alle uns wieder treffen. Das Treffen gestern Abend hat gezeigt, das wir damals ein Band geschlossen haben, das wir niemals wieder zerreißen können und möchten.

Ich wünsche uns allen eine großartige Zeit bis zu unserem nächsten Treff.

Bis kürzlich

Samstag, 01.06.2013 Zur Lage der Nation
Blog 15: Die Veränderung der Technik

Heute ist mein fünfzehnter Samstag auf FB. Was liegt also näher, als ein Statement zur Lage der Nation abzugeben. Kümmern wir uns heute mal um die Veränderungen unserer technisierten Welt seit meiner Jugendzeit und um die Stars der damaligen Zeit.

Ach, was hat das einen Anflug von Nostalgie gehabt, als ich die Tage im Keller Ordnung geschaffen habe und bin dabei auf die alte Datasette meines geliebten C 64 gestoßen. Den jüngeren hier bei FB muss ich das jetzt mal kurz beschreiben. Die Datasette war das High-Speed Laufwerk der 80er für den PC, der sich damals aber noch C 64 nannte. Optisch sah das Ding aus wie ein Kleinkinder-Kassettenrekorder, nur die graubraune Färbung ließ vermuten, das es sich um einen hochtechnischen Gegenstand handelt. Aber den brauchten wir ja auch, um auf dem C 64 unsere heißgeliebten Spiele zu zocken. Damals sprachen wir von super Grafik, wenn man ein kleines laufendes Männchen aufgrund seiner würfelförmigen Optik in Bewegung erkennen konnten. Der Arbeitsspeicher des C 64 würde glaube ich heute ausreichen, um einen mp3. Titel in mäßiger Qualität abzuspielen, aber nur, wenn der dazugehörige Media-Player keinen Speicher belegt.

Aber schön war es trotzdem.

Vor allem weil wir ja noch richtige Ablenkung im Fernsehen hatten. Mensch, was hab ich mich immer auf Catweazle gefreut. Jenen zotigen, haarigen und schmutzigen Engländer, der in einer löchrigen Kutte durch die Fernseher unserer grade mal ein paar Jahre durch Farbfernseher verwöhnte Nation sprang. Gut, bei haariger Engländer und löchriger Kutte denken viele jetzt eher an Unterwäschewerbung mit David Beckham, aber der war damals auch noch gaaanz klein.

Oder schauen wir doch einfach noch ein paar alte Folgen Miami Vice! War das nicht der Hammer? Don Johnson und Philip Michael Thomas in ihren überwattierten, pastellgefärbten Anzügen, mit denen man eigentlich seitlich durch die Tür gehen musste, weil man sonst angestoßen wäre? Dazu diese Reistreter namens Espandrilles! Wenn uns die Beiden heute so entgegen kämen, würden wir sofort schauen, ob gerade eine Neueröffnung einer Sonnenbankkette stattfindet, aber so lief man halt damals rum.
Gut , meine eigene Modegestaltung bringe ich an dieser Stelle besser nicht zur Sprache, ich bin mir auch nicht sicher, ob das eine gute Idee war, das damals mal selbst in die Hand zu nehmen, aber egal. Ist ja glücklicherweise nur auf ganz wenigen Bildern dokumentiert und die werden genauso unter Verschluss gehalten, wie die Partybilder meiner Eltern aus den 70er Jahren, wo doch angeblich niemals etwas gefeiert wurde, obwohl alle auf der Straße im Keller die legendäre Kellerbar eingerichtet und ausgestattet hatten.

Merkwürdig, wenn der Raum doch nie gebraucht wird, oder???

Die Krönung der Unterhaltung war natürlich unser aller Held David Haselnuss, ähm Hasselhoff! Der Mann, der mit seinem Auto sprach. Er nannte es ja immer Kumpel……Also ich hab damals meine ersten Autos eher als Sch….Karre beschimpft, wenn das Ding mal wieder liegenblieb….

Aber egal, erst hatte er ein Auto als Freund, dann hat er im Alleingang die Berliner Mauer mit seinem Gesang zum Einsturz gebracht und danach hat er sich gleich wieder an den Strand gelegt und in Badeshorts gearbeitet. Schade, das er da wohl zu viele Pina Coladas konsumiert hat, heute würde er wohl eher mit K.I.T.T direkt ins Meer brettern……

Obwohl, als Werbeträger wäre er ja damit für alkoholfreies Bier der erste Ansprechpartner…ich sehe da gerade wieder Harald Juhnke vor mir, wie er an einer Müller Buttermilch trinkt und sich dabei spritzig und vital fühlt…..

Aber es müssen ja auch Lösungen her und daher schlage ich vor, das wir all unsere alten TV Stars und Lieblinge mal ganz heimlich in die aktuellen Top TV-Serien packen.

Ich glaube, das fällt noch nicht mal jedem auf und viele denken: Cool, der hats drauf!!! Haselnuss stecken wir zu „Two and a Half Men" und die Beiden aus Miami Vice stecken wir zusammen mit dem C 64 in die" Big Bang Theorie" zu den Nerds.

Das wäre doch mal wieder Unterhaltung , oder? Und wenn das noch nicht reicht, dann schmuggeln wir unsere Helden aus Eis am Stiel noch in Sitcom, „How i met your Mother". Das passt doch genial!

Bis kürzlich

Samstag, 08.06.2013 Zur Lage der Nation
Blog 16: Das Flensburger Fahreignungsregister

Heute ist mein sechzehnter Samstag auf FB. Was liegt also näher, als ein Statement zur Lage der Nation abzugeben. Kümmern wir uns heute mal um das geplante Fahreignungsregister in Deutschland.

Um Was????

Ja, da habt Ihr richtig gelesen. Das Verkehrszentralregister in Flensburg soll nach dem Willen der Bundesregierung demnächst Fahreignungsregister heissen.
Also mal ehrlich, das wäre doch wohl eher der passende Name für die örtliche Führerscheinstelle oder eine amtsdeutsche Bezeichnung für die Vereinigung der Fahrlehrer oder??

Aber damit nicht genug. Unser Bundesverkehrsminister Ramsauer hat ja gleich das gesamte System revolutioniert!!Geht das überhaupt? Mal ehrlich, ja klar. Die Revolution findet im Geldbeutel der Betroffenen statt. Der gemeine Autofahrer, lateinisch Rasens vulgaris findet sich demnächst in einem ganz neuen Punktesystem wieder, das seine persönlichen Präferenzen bei Verkehrsverstößen noch grandioser ahndet. Nicht mehr 18 Punkte, sondern 8 Punkte darf man sammeln, damit man sich wieder per pedes durch die schlaglochverseuchten Bürgersteige unserer geliebten Republik bewegen muss.

Und weil wir Deutschen, explixit unsere bajuwarischen Verkehrsplaner alles ja immer mit vollkommener Gründlichkeit erledigen, gibt es jetzt halt neue Kategorien für Verstösse.

Unter anderem gibt es die Sicherheitsrelevanz. Wenn ein Verkehrsdelikt nicht die Verkehrssicherheit gefährdet, soll eben weniger Punkte, aber dafür höhere Geldbußen geben. Das finde ich doch mal richtig nett von der Regierung. Schaut man sich die Gesamtheit aller kleinen Verkehrsdelikte aus den letzten 10 Jahren an, stellt man fest, das diese Regelung die beste Gelddruckmaschine seit Erfindung der Starenkästen und Parkverbote ist.

Allerdings frage ich mich auch, was heißt sicherheitsrelevant. Unseren Innenminister frage ich lieber nicht, weil ich sonst befürchten muss, das zur Sicherheit der Nation mein Telefon in den nächsten 163 Jahren abgehört wird.

Aber vielleicht gibt es ja dann auch ein Vermummungsverbot fürs Autofahren???

Oder kostet es mich demnächst einen Punkt, wenn meine Barbiepuppe mit der Klopapierrolle im Heck nicht ordnungsgemäß befestigt ist??? Naja, zur Not kann ich dann ja wieder ein Punkteabbauseminar besuchen, welches mir nach 4 oder 5 verabreichten Punkten dann nahegelegt wird.

Und?

Ja klar, das kostet dann nicht mehr 200 Euro wie bisher, sondern schlägt mit 600 Euro zu Buche. Also rechnen wir das nochmal nach. 2 Punkte abbauen kostet mich 600 Euro! 2 Punkte kassieren aber noch nicht einmal die Hälfte!

Respekt Herr Ramsauer, da haben Sie sich die Feierabendmass aber sowas von verdient.

Aber es müssen ja auch Lösungen her und daher schlage ich folgendes vor:

Liebe Politiker im Bundesrat: Macht bitte das , was Ihr immer macht!! Seid grundsätzlich dafür, dagegen zu sein. Lasst nicht zu, das die bajuwarischen Fahreignungswächter Ihre Biergartenverkehrsreform durch den Rat bekommen.

Die geplagten Geldbörsen einer von Mineralölsteuer geplagten Nation von immer noch fröhlichen Autofahrern wird es Euch danken und wir führen zum Ausgleich den Falschparker-Tag in Deutschland ein, bei dem jeder zugelassene und für fahrtauglich befundene Autofahrer ein Blankoknöllchen im Voraus bezahlt. Das könnt Ihr dann in Bundesschatzbriefen und Griechenland – Anleihen anlegen und uns dafür in Ruhe lassen.

Bis kürzlich

Samstag, 15.06.2013 Zur Lage der Nation
Blog 17: Datenspionage der Geheimdienste

Heute ist mein siebzehnter Samstag auf FB. Was liegt also näher, als ein Statement zur Lage der Nation abzugeben. Kümmern wir uns heute mal um den großangelegten Datenklau ausländischer Geheimdienste.
Ist das nicht wieder herrlich? Zur Bekämpfung des Terrors werden Milliarden von Datensätzen, Bildern , E-Mails und Kurznachrichten angezapft, ausgewertet und den verschiedensten Verhaltensmustern zugeordnet. Unter dem Deckmantel , der Erhaltung der freien Welt und der freien Entfaltung der Persönlichkeit werden Daten gespeichert , überprüft und analysiert, das es eine wahre Freude ist.
Es ist noch gar nicht so lange her, da waren im noch geteilten Deutschland 100000sende auf den Strassen und haben genau gegen diese Art der „Freiheit" aufbegehrt und zu Recht Erfolg gehabt.
Also ich mache mir da Sorgen….Nicht, das ich demnächst auf mein samstägliches Statement zur Lage der Nation verzichten muss. Ich versuche ja schon immer, die gängigen Schlagworte wie Bombe, Attentat und Waffenlieferung wegzulassen. Aber das wird ja nicht immer gehen. Am Ende werde ich noch zu einer „Persona non grata" erklärt und darf nur noch über das Wachstum der Grashalme schreiben, weil alles andere mich verdächtig macht. Naja gut, sollen mich doch alle überwachen! Bei dem Wort zucke ich ja eigentlich schon. Mielke und Co. sehe ich vor meinem geistigen Auge gerade ein Freudentänzchen machen und laut

rufen: Wir haben es doch immer gewusst…..Okay, so gesehen, könnte man damit auf einen Schlag ja die Arbeitslosenzahl dramatisch reduzieren. Ja besser noch, wenn wir das mit deutscher Gründlichkeit angehen, dann haben wir bald wieder Vollbeschäftigung, das wäre ja vielleicht noch was. Ist ja eigentlich wie im täglichen Leben! Auf jeden der arbeitet , kommt meist einer oder mehr, der das kontrolliert und überwacht. Also ändert sich doch fast nix. Wir sind doch ein freies, demokratischen Land!
Aber es müssen ja auch sinnvolle Lösungen her, daher schlage ich folgendes vor: Damit für die ausländischen Kollegen die Überprüfung unserer E-Mails und Daten leichter wird, erhalten wir alle ein Verschlüsselungsprogramm, das jede Mail, jedes Bild in exakt den gleichen Standardtext umschreibt, der da lautet: Ich wars nicht! Ich bin mal gespannt, wie lange die brauchen, bis die das gemerkt haben!!!Und wenn das noch nicht reicht, kann man ja vielleicht die letzten noch vorhanden „Sitzkissen-Geruchsproben" aus den Stasi Archiven mal ganz unverbindlich über den großen Teich schicken. Vielleicht tut sich da ja auch noch was auf.
Ich schreib jetzt erst mal ein paar Mails an alle meine Freunde.
Lieber X, Liebe Y,
ich habe ein kleines Attentat auf Dich vor….Vielleicht kannst Du mir ja heimlich dabei helfen? Aber erzähle keinem davon, die Bombe soll erst später platzen………..

Bis kürzlich

Samstag, 22.06.2013 Zur Lage der Nation
Blog 18: Internet ist Neuland

Heute ist mein achtzehnter Samstag auf FB. Was liegt also näher, als ein Statement zur Lage der Nation abzugeben. Kümmern wir uns heute mal um das Neuland, das wir laut unserer Kanzlerin betreten haben:

Das Internet.

Also, das hat mich dann ja auch aus den Socken gehauen....als ich diesen Satz aus dem Munde unserer geschätzten Bundes-Angie gehört habe. Das Internet ist für uns alle Neuland!!!! Also ich habe da erstmal schnell auf meinem Fernseher nachgeschaut, ob Youtube nun RTL übernommen hat und anstelle von Nachrichten witzige Filmchen zeigt, aber das war nicht der Fall.

Da kommt man dann natürlich ins Grübeln......Internet, Neuland??? Da ist mir die Idee gekommen, ein kleines Experiment zu machen, um diese Aussage nachvollziehen zu können. Ich habe auf dem Speicher so einen alten Schuhkarton mit technischem Krimskrams, den man natürlich nicht mehr braucht, aber niemals wegwerfen würde, weil man ja vielleicht irgendwann....Ich sehe schon, Ihr habt auch so eine Kiste. Jedenfalls hab ich darin noch mein altes 14.400er Modem gefunden. Für die jüngeren unter Euch: das ist im Prinzip das W-Lan der späten 90er Jahre des ver-

gangenen Jahrtausends, technisch gesehen der Trabi unter den Ferraris!
Ich habe das dann mal angeschlossen und eine Verbindung mit dem Internet hergestellt. Das war grossartig, denn nun konnte ich die Kanzlerin endlich verstehen.

So sieht also Neuland aus!

Ich hab dann mal versucht, die Seite vom Bundeskanzleramt zu öffnen (Frau Merkel, wieso gibt es die eigentlich schon, wenn das Neuland ist????) und ganz spontan habe ich auch das Wesen unserer deutschen Politik verstanden. Wenn sich Reformen und Änderungen für unser Land so langsam aufbauen, wie diese Seite, dann ist es klar, warum wir da nicht so wirklich voran kommen.

Okay, Frau Merkel, sie werden da keinen Unterschied feststellen. Wer 15 Jahre auf ein Auto warten kann, der hat auch mal 2 Stunden Zeit, ehe er den ersten Blick auf den Bundesadler werfen kann.

Das wäre in etwa so, als ob sie bei Ihrer Rede am Brandenburger Tor, noch das kecke Blümchenkleid tragen würden, das Sie als Assistentin von Herrn De Maziere getragen haben, als zum ersten Mal in der ehemaligen DDR frei gewählt wurde.

Andererseits mache ich mir natürlich auch jetzt ein paar Sorgen. Es stehen ja wichtige Bundestagswahlen an. Und wie wollen Sie so gegen den charismatischen, wortgewandten und eleganten Vorzeigepolitiker Peer Steinbrück bestehen???

Da müssen ja jetzt auch schnelle Lösungen her und da habe ich beschlossen, Ihnen zu helfen!

Ich habe in der Technik Kiste auch noch mein altes LCD Handy 5110 eines bekannten finnischen Herstellers gefunden. Das Akku habe ich schon aufgeladen und eine Prepaidkarte mit 15 Euro Startguthaben eingelegt.

Das wird zwar auch alles Neuland für Sie sein, da das Handy ja erst deutlich nach dem Internet in Deutschland erschienen ist, aber Kopf hoch, Sie schaffen das schon.

Jedenfalls können Sie damit von unterwegs aus dann all Ihre Freunde und Parteikollegen anrufen und Ihnen mitteilen, das Sie nun endlich im 21. Jahrhundert angekommen sind und weiteres Neuland betreten haben.

Ach ja, noch eine Anmerkung, wenn Sie das Modem auch haben möchten, kein Problem. Ich schicke Ihnen das gerne mit. Erschrecken Sie sich aber nicht, wenn Sie die Geräusche bei der Verbindung hören. Das klingt in etwa so, wie der Antrieb vom Raumschiff Orion, ist aber völlig ungefährlich und keinesfalls der grosse Lauschangriff.

Bis Kürzlich

Samstag, 29.06.2013 Zur Lage der Nation
Blog 19: Bankenskandal im Vatikan

Heute ist mein neunzehnter Samstag auf FB. Was liegt also näher, als ein Statement zur Lage der Nation abzugeben. Kümmern wir uns heute mal um den Bankenskandal im Vatikanstaat.
Ja ist das denn wirklich zu glauben? Steueraffären, Schmiergelder, illegale Konten auch bei der Hohen Geistlichkeit? Es ist ja schon beinahe ein Kriminalstück, zu dem auch der im Vatikan bestimmt sehr beliebte Dan Brown ein Drehbuch hätte schreiben können! Da wird der Immobilienverwalter des Vatikans, ein angesehener Priester und Ex-Banker!!! In Handschellen verhaftet. Beteiligt an der ganzen Sache waren also ein Priester, ein Finanzexperte und ein Ex-Geheimdienstler. Böse Zungen werden sagen: Ja was hat denn der Berlusconi damit zu tun…..
Aber es ist schon erstaunlich was sich da hinter den Mauern unserer ehemaligen Groß-Inquisitoren so alles tut. Wo früher unter der Soutane der Rosenkranz andächtig getragen wurde, wird wohl doch nur Schwarzgeld verschleppt und bei den Summen, die über die Presse so gehandelt werden, brauchen die armen Geistlichen ja in Ihrem kargen Schlafzimmern einen Nachttisch mit eingebautem Tresor, damit die kleinen gutgemeinten Spenden Ihrer Förderer auch sicher aufgehoben sind. Also ich suche jetzt auch mal so ein paar Förderer. Einer hat sein Haus mit 56 Schecks a 10000€ ausgelöst. Alles Schecks von kleinen Förderern….Also, da würde mir glaube ich schon ein mittlerer reichen. Damit nicht genug. Natürlich waschen die armen ge-

beutelten Priester ihre Hände in Unschuld und beteuern vor Gott, das sie nichts getan haben. Man kenne sich ja mit Gelddingen gar nicht so aus. Wieso muss ich an dieser Stelle an unsere Steuersünder aus Deutschland denken? Kennen sich mit Geld denn nur noch die aus, die gar keins haben? Das scheint ja beinahe so zu sein. Damit wäre ja auch dieser irrwitzige Kreislauf geschlossen. In Deutschland ist es ja letzten Endes so, das nur der einen Kredit bekommt, der nachweist, das er gar keinen braucht. Und die ganz Reichen unter uns, die vor lauter Not Ihr Geld schon im Kofferraum in die Schweiz bringen müssen, weil die Schränke und Kommoden zuhause schon voll sind, kennen sich nicht aus und wissen von nix. Das Erinnerungsvermögen setzt erst wieder ein, wenn eine der gefürchteten Steuer CDs vom Finanzamt eingekauft wird.

Aber es müssen ja auch Lösungen her, daher schlage ich vor, das wir dieses Finanzgebaren in eine lehrreiche Doku-Soap umwandeln! Arbeitstitel: Sons of Vatikan, Regie: Dan Brown.

Dann sollten auch ganz schnell wir Kleinanleger in der Lage sein, ein wenig Geld auf die Seite zu schaffen, welches wir dann in Europa in den gebeutelten Ländern im Urlaub wieder ausgeben, und somit die Euro-Zone selber retten. Dafür könnte man doch mal seinen Jahresurlaub opfern, oder???

Bis kürzlich

Samstag, 06.07.2013 Zur Lage der Nation
Blog 20: Unser Held Edward Snowden

Heute ist mein zwanzigster Samstag auf FB. Was liegt also näher, als ein Statement zur Lage der Nation abzugeben. Kümmern wir uns heute mal um unser aller Held: Edward Snowden.

Ja, da haben wir es mal wieder. Wieder sorgt ein Mann mit seinen Enthüllungen über die Machenschaften der amerikanischen Geheimdienste für einen Wirbelsturm in ganz Europa. Sobald sein Name im Zusammenhang mit politischem Asyl genannt wird, zucken alle Politiker zusammen und weichen schnell aus oder wechseln das Thema.

Noch viel besser fand ich aber, das man die Maschine des bolivianischen Präsidenten zur Landung gezwungen hat , weil man geglaubt hat, Snowden wäre an Bord. Es ist doch ein herrliches Possenspiel was da abgeht. Snowden spielt Hase und Igel mit den Regierungen und wird überall vermutet, dabei sitzt er bekannterweise in Moskau auf dem Flughafen fest.

Für mich ist der eigentlich der Che Guevara der Neuzeit. Ist doch klasse, wie er mit seinen Enthüllungen ganze Länder auf Trab hält oder? Die Amis wollen Ihn lebend zurück haben, damit sie ihm den Prozeß machen können, etliche Bananenrepubliken wollen ihn, damit er den Amis weiter Feuer macht, das ist doch herrlich.

Mehr und Mehr entwickelt sich Snowden für mich zum Robin Hood, leider ist er aber der Gejagte. Dabei ist doch gar nix besonderes passiert. Er hat doch nur kundgetan, was wir alle schon lange wissen: Im Prinzip sitzen wir doch alle nur auf dem Präsentierteller der internationalen Geheimdienste, es kommt halt nur darauf an, zur richtigen Zeit auf dem richtigen Teller zu sitzen, oder.

Eigentlich haben wir doch nix neues erfahren. Es wäre doch viel schöner, wenn unsere ganzen ausgespähten Daten mal endlich positiv von den Geheimdiensten genutzt werden. So ein Geheimdienst ist doch eigentlich nichts anderes, wie eine perfekt organisierte Suchmaschine. Du gibst ein Schlagwort ein und schon rattert das System und spuckt mögliche Kandidaten aus!

Das ist doch genau wie bei uns, wenn wir nach dem neuesten Rezept für Pfannkuchen suchen. Was ist denn schon dabei, wenn die Geheimdienste wissen, welche Socken du morgen anziehst, welcher Nachbar dir eine Beule ins Auto gefahren hat und sich aus dem Staub gemacht hat. Das er weiss, das es nicht der Postbote, sondern der Milchmann ist.

Ach, es ist doch schon beinah ein heimeliges Gefühl, das sich einstellt, wenn man weiss, das man so sorgsam überwacht und behütet wird, oder?

Da schläft man doch abends mittlerweile viel entspannter ein. Und daher wäre es doch grossartig, wenn die Geheimdienste aus den geheimen Daten mal was sinnvolles machen.

Und damit wären wir doch schon beim alten Leitsatz, es müssen ja auch Lösungen her und daher schlage ich mal folgendes vor.

Edward Snowden erhält weltweit in jedem Staat das Verdienstkreuz für seine einzigartige Leistung und Offenlegung der Methoden der Geheimdienste. Im Gegenzug dafür werden die Geheimdienste verpflichtet, die ausgespähten Daten sinnvoll zu nutzen!

Ein Beispiel? Aber gerne.

Durch das gewollte und gezielte Ausspähen Deines Telefonierverhaltens erhälst Du in Zusammenarbeit mit den lokalen Telefonanbietern automatisch den passenden Tarifvorschlag, der Deinem Nutzungsverhalten am ehesten entspricht.

Oder noch besser und praktischer könnte man doch die Waffenversorgung der Bananenrepubliken sicher stellen!

Die Grossmächte könnten doch in einer zentralen Datei alle überschüssigen Waffen und Kampfsysteme erfassen und somit bei Bedarf schnell und effizient alle notwendigen Dinge bereitstellen und eventuell können sich die einzelnen Regierungen noch bei der Logistik unterstützen.

Wäre doch toll, wenn die Homepage des amerikanischen Geheimdienstes jedem Bürger dieser Welt ein eigenes Login mit Passwort gibt, damit man sich selbst informieren kann, was gerade überwacht wird und welchen wirtschaftlichen Nutzen ich daraus ziehen kann. Wir haben eine schöne Welt, oder?

Bis kürzlich

Samstag, 13.07.2013 Zur Lage der Nation
Blog 21: Feuchtgebiete im Kino

Heute ist mein einundzwanzigster Samstag auf FB. Was liegt also näher, als ein Statement zur Lage der Nation abzugeben. Kümmern wir uns heute mal um….ja ist das denn zu glauben???Tatsächlich! Heute wird es endlich mal ein wenig schmuddelig……Es geht um den heiss ersehnten Kinostart von „Feuchtgebiete" am 22. August 2013.

Also ich hab das ja erst gar nicht geglaubt, das da sogar ein Film draus gemacht wird. Doch der Reihe nach. Erst müssen wir uns das Buch ja noch einmal in Erinnerung rufen….! Meine weiblichen Leser hier muss ich wohl nicht fragen, denke ich mal so ganz spontan…Und die Herren der Schöpfung? Kennt Ihr das Buch? Nein, das ist nicht vom Kachelmann und behandelt das Wetter beim Spazieren mit Lausemädchen, es geht da um ganz banale Dinge des täglichen Frauenlebens etc. Mehr will ich an dieser Stelle nicht mehr aufrühren, FB soll ja sauber bleiben….

Also tun wir heute mal so als wären wir im prüden Amerika und schütteln einfach nur den Kopf und macht tz tz tz.Was mich also an dem Film faszinieren wird, ist sicherlich die filmische Darstellung einiger Schlüsselszenen und Anekdoten aus dem Buch. Wenn man bedenkt, das der Film mit der FSK 12 Einstufung in die Kinos kommt, eignet er sich sicher als klassischer Aufklärungsfilm und sollte dann natürlich im gleichen Regal stehen wie die legendären Oswald Kolle

Filme. Kennt ihr die noch? Ich sag nur: Dein Mann, das unbekannte Wesen! Also , das denke ich heute auch schon mal, wenn ich morgens in den Spiegel sehe und gar nicht weiss, warum und wie ich aus dem Bett gekommen bin. Aber ich schweife ja schon wieder ab.

Eins steht mal fest, der Film wird die Nation in zwei Lager spalten: Die Einen werden den Film hassen, die Anderen finden ihn schlichtweg blöd. Allerdings einen Reiz hat das Ganze: Zum Filmstart wird es ein herrliches Fan-Set geben!!!

Ein schöner, bunter Karton mit herrlichem Spielzeug für Erwachsene!!! Unter anderem ein Energy Drink für die Vagina genannt Pussy Energy Drink, wahlweise einen Lila oder Roten Dildo in Form eines Teufels, weisse Fesseln aus Leder sowie Gleitgel und Kamasutra Öl….

Ich hab gedacht, das ist ein Scherz, ist aber tatsächlich so…...Hoffentlich haben die sich dann aber nicht so ganz an die Buchvorlage gehalten, denn dann hat man nach dem Film keine Lust mehr das Fan – Set mal so ausgiebig in Gebrauch zu nehmen. Aber egal, soll sich jeder so seine Gedanken darüber machen. Mache ich ja auch jeden Samstag für Euch!

Ich bin da natürlich schon weiter und denke über andere spektakuläre Filmstart Fan-Sets nach! Wie hätte das von 9 ½ Wochen ausgesehen???Jaaaaaaaa, das wollen wir dann aber auch haben, oder??? Oder das von Stirb Langsam? Hätten wir dann alle jetzt ein schmuddeliges , blutiges Feinripp Unterhemd mit Löchern und

Flecken? Dazu einen schönen Revolver und eine Anleitung, wie man aus alltäglichen Gegenständen Stolperfallen und mehr baut? Obwohl, das wäre dann wohl eher die grosse Mc Gyver Fan Box…..

Ihr seht schon, da kennt die Phantasie keine Grenzen . Da könnt Ihr jetzt alle mal selber loslegen! Aber wie immer müssen ja auch Lösungen her und daher schlage ich heute mal folgendes vor:

Wir alle schauen uns natürlich den Film an, weil wir ja zum einen Mitreden wollen und müssen, unser eigenes , vollkommen wertfreies Urteil bilden müssen. Ganz auf rein wissenschaftlicher Basis!!! Und natürlich werden wir alle das Fan-Set zuhause in eine Vitrine stellen und immer wenn wir über die aktuelle Wirtschaftslage jammern wollen, schauen wir kurz darauf und denken: solange wir dafür Geld ausgeben können ,ist doch alles wunderbar bunt und prima.

Und ich fahr jetzt mal an den Rhein und such ein paar Feuchtgebiete…..

Bis kürzlich

Samstag, 20.07.2013 Zur Lage der Nation
Blog 22: Doping in der Leichtathletik

Heute ist mein zweiundzwanzigster Samstag auf FB. Was liegt also näher, als ein Statement zur Lage der Nation abzugeben. Kümmern wir uns heute mal um den neuen Doping Skandal in der Leichtathletik.!

Es glich ja förmlich einem Erdbeben, als die Tage herauskam , das die 100m Sprinter Tyson Gay und Asafa Powell positive Dopingproben hatten und somit wohl die nächsten zwei Jahre nur im Park joggen dürfen. Mal Hand aufs Herz! Wundert uns das noch???
Also mich nicht wirklich. 9 der 10 historisch schnellsten 100m Sprinter sind somit nun positiv getestet worden. Einzig der allerschnellste, Mr. Bolt, ist sauber!!!

Da brat mir doch einer nen Storch. Haben wir uns doch gerade erst von den pharmazeutischen Weltradspielen in Form der Tour de France erholt, wo es wohl in den letzten Jahren auch kaum einen wirklich sauberen Sieger gab, so ist das nun ein weiterer Fall, der uns hartgesottene Fernsehsportler erschüttert.

Unsere Idole werfen ein , was nur geht, nehmen Nahrungsergänzungsmittel ein, die vermutlich sonst nur in der Landwirtschaft zur Mast eingesetzt werden und deren Namen ich noch nicht einmal aussprechen, geschweige denn Schreiben kann. Okay, bei der Tour de France versteh ich das ja noch. Wer einmal vor so einer Bergstrasse gestanden hat, der weiss, das man die mit dem Auto schon nur mit allergrösster Konzentration bewältigen kann. Aber mit dem Fahrrad??? Da musst Du ja schon was einwerfen, sonst fährst Du doch erst gar nicht los, oder? Selbst vor dem Fernseher artet das ja noch in extreme Arbeit aus, wenn man sich über 20 Minuten bei so einem Anstieg die schmerzverzerrten Gesichter anschauen muss. Also mir mag da mein schöner, grosser gemischter Eisbecher kaum noch schmecken! Da wird beim Zusehen noch die Sahne sauer vor Anstrengung.

Aber zurück zu den 100m Sprintern. Also da verstehe ich das ja gar nicht....Da ist doch das ganze Getue vor dem Start viel anstrengender als die knapp 10 Sekunden sportliche oder medizinische Höchstleistung! Was wird da die Sonnenbrille vorgeführt, eine vorher einstudierte mythische Pose dargeboten. Selbst das kurz zuvor ausgezogene , sponsorenemblemverseuchte Leibchen wird publikumswirksam und mit nahezu liebevoller Gestik ausgezogen, zusammengelegt und dann ins Plastikkörbchen hinter dem Startblock geworfen. Dann, nach dem Startschuss setzen diese medizinisch aufbereiteten Muskelpakete ihre durch diverse Stimulanzien aufgeladenen Körper in Bewegung und setzen die illegale Beimischung in Schubkraft um. Und noch bevor sie überhaupt in der Lage sind, Ihre mögliche Höchstgeschwindigkeit zu erreichen , heisst es schon wieder abbremsen, weil die Ziellinie überschritten wurde und sofort wird wieder gepost, die Landesfahne genommen und geschwenkt und mit allerlei Gesten dem Allmächtigen bzw. seinem medizinischen Stellvertreter auf Erden für diese ausserordentlich Leistung gedankt.

Wir zuhause müssen in der Zeit noch die achte und neunte Zeitlupe anschauen, damit unser Auge, doch eigentlich vom Sitzsport trainiert, überhaupt erfassen kann, wer da nun gerade gewonnen hat.

Gottseidank wird das dann ja in Zukunft besser! Wenn die alle erstmal gesperrt sind und dann die saubere Garde, also die , die über 10 Sekunden brauchen, die Titel unter sich auslaufen, dann kann man es sich auch wieder schön gemütlich vor dem Fernseher machen. Aber bis dahin wird ja noch was dauern. Denn wie immer, haben die ertappten Sünder eine Verschwörungstheorie auf Lager und weisen alle Schuld ganz weit von sich. Ja sicher! Kann doch gar nicht anders sein.

Aber es müssen ja auch Lösungen her und da sind wir auch gleich wieder beim grossen Lauschangriff der Geheimdienste (siehe auch die Statements vorher):

Liebe Geheimdienste! Bitte ändert während sportlicher Grossereignisse wie Weltmeisterschaften und Olympischen Spielen eure Schlagwörter!!! Reagiert sofort, wenn Ihr die Worte Leistung, Doping, Amphetamin und EPO hört, lest oder mitbekommt. Die gebt Ihr dann an den netten, freundlichen Mann von der Dopingagentur weiter und schon schlagen wir wieder mehrere Fliegen mit einer Klappe. Der Doping Sünder wird ertappt, die Doping Agentur hat Ihre Daseinsberechtigung nachgewiesen und Ihr Geheimdienstler habt mal eine willkommene Abwechslung vom täglichen terroristischen Einerlei aus unseren Wohnstuben.

Das ist doch gerade jetzt zur Sommerzeit auch mal schön, oder???

Bis kürzlich

Samstag, 27.07.2013 Zur Lage der Nation
Blog 23: Der royale Nachwuchs

Heute ist mein dreiundzwanzigster Samstag auf FB. Was liegt also näher, als ein Statement zum royalen Baby der englischen Nation abzugeben. Kümmern wir uns heute mal um George Alexander Louis, die aktuelle Nr. 3 der englischen Thronfolge.

Ist das nicht herrlich? Nun ist es endlich da! Nachdem wir alle tagelang mitgefiebert, oder gar vor dem britischen Krankenhaus ausgeharrt haben, können wir uns nun gemeinsam mit allen Freunden des Empires und des britischen Königshauses über die Geburt des neuen Thronfolgers freuen. Nachdem wir nun tagelang unsere Lieblingssendungen nicht gucken konnten, um gebannt das Livebild von der Steady-Cam vorm Krankenhaus zu betrachten, ob sich irgendetwas bewegt und wir einen kleinen Blick erhaschen können, kehrt nun eine gewisse Normalität ein. Nun ja, wohl nicht ganz.

Denn nun ist ja eine Merchandising Welle angelaufen, über die sich manche Pop Gruppe oder mancher maroder europäischer Staat freuen würde, wie wir über einen kühlen Sommerregen nach so einer heissen Woche. Vom einfachen T-Shirt bis hin zur geschmacklosen, rosenverzierten Tasse mit eingebranntem Babybild können wir nun auf jede erdenkliche Art und Weise unserer Freude Ausdruck geben, das der fleischgewordene Liebling der gesamten englischen Nation und des Königshauses auf die Welt gekommen ist. Grossartig.

Also ich würde so eine kitschige Tasse nur jemandem schenken, den ich ärgern möchte, aber egal....

Über Geschmack lässt sich ja glücklicherweise nicht streiten.

Aber dennoch ergeben sich ja nun ganz neue Möglichkeiten, die Ausgaben des englischen Königshauses zu senken, indem man diesen Hype nun werbestrategisch bis ins kleinste Detail ausschöpft und somit das gesamte englische Volk deutlich entlastet, die sich ihre Monarchie ja einige 100 Millionen Pfund im Jahr kosten lässt.

Und da redet man ja nicht nur über die passende Weihnachtstasse und Topflappen mit dem Konterfei des kleinen Thronfolgers.

Da kann die ganze royale Familie mal richtig einen raushauen.. Prinz Harry hat ja schon angekündigt, das er als Onkel dafür sorgen wolle, das der Kleine auch seinen Spass hat!!! Nun , ich glaube einige hätten auch gerne eine royale Tasse, wo der Prinz nach seinem legendären Strip abgelichtet ist. Oder das braune Gesocks hätte gerne ein T-Shirt, wo man ihn mit der Nazi-Armbinde auf einer Party sieht. Ihr seht schon, der Phantasie sind keine Grenzen gesetzt.

Gut, das der Kleine von all dem noch nichts mitbekommt. Hoffentlich hat er gemäss dem Hofprotokoll noch nicht allzu viele gesellschaftlich Verpflichtungen. Wenn er all seinen royalen Verwandten eine Audienz gewähren müsste, würde das ja ein paar Tage dauern und dann brauchen wir noch einen royalen Live Channel, damit wir das alles auch hautnah verfolgen können.

Und während die königliche Windel gewechselt wird, sehen wir dann einen Werbespot, der , wie könnte es anders sein, die neue königliche Windel anpreist. Her damit!

Aber es müssen ja auch Lösungen her und daher schlage ich heute mal folgendes vor:

Wir alle kaufen jetzt so schnell wie möglich, so viel wie möglich George Alexander Louis Fanartikel. Diese sammeln wir alle in einem riesigen Lager und sorgen somit dafür, das der Preis für eines dieser grandiosen Stücke steigt und dann schlagen wir eiskalt zu und verkaufen den ganzen Kram nach England zurück und der Ertrag reicht dann locker aus, um den Solidaritätszuschlag endgültig abzuschaffen.

Dann wäre George Alexander Louis auch für uns das Royal Baby der Nation, oder etwa nicht???

Bis kürzlich

Samstag, 03.08.2013 Zur Lage der Nation
Blog 24: Der Bundesdrohnenminister

Heute ist mein vierundzwanzigster Samstag auf FB. Was liegt also näher, als ein Statement zur Lage der Nation abzugeben. Kümmern wir uns heute mal um einen Menschen, der mehr Geld anderer Leute verbrennt, als die Fondsmanager der Pleitebanken:

Unseren Drohnenminister!!!

Also mal Hand aufs Herz! Irgendwie kriegen wir dieses leidige Thema ja nicht mehr vom Tisch oder? Beinahe ein Jahrzehnt lang lassen wir eine Drohne entwickeln, bauen, testen usw. mit dem Resultat, das der ganze Kram dann nicht funktioniert und stattdessen nur Steuergelder in Milliardenhöhe verbrannt wurden.

Okay, das ist der normale Ablauf bei der Verwertung von Steuergeldern würde der politisch desillusionierte Wahlurnensprinter nun vermuten. Aber hier müssen wir etwas genauer hinsehen, da brauchen wir vollständige Information. Also fangen wir doch mal ganz klein an. Laut Duden ist eine Drohne ein unbemanntes Aufklärungsflugzeug.

Aber es gibt neben der Drohne aus der Bienenwelt noch eine dritte , sehr aufschlussreiche Bezeichnung für eine Drohne. Und ich zitiere:

„Eine Drohne ist der faule Nutzniesser fremder Arbeit."

Nun, damit könnte ich diesen Blog für heute beenden, denn damit ist ja fast alles gesagt. Aber Stop! Ich überlege auch gerade! Wer ist der faule Nutzniesser und wer das Flugobjekt???

Falten wir das doch mal einzeln auseinander, vielleicht kriegen wir da Klarheit rein. Also wenn ich jemandem mein Geld anvertraue mit dem Ziel, immer reicher zu werden, ohne dafür etwas zu tun, dann bin ich logischerweise eine Drohne.

Und da alle wissen, das ich nicht fliegen kann, bin ich nicht das Flugobjekt.

Aber nun zum Minister.

Der arme, viel gescholtene Mann hat es aber auch mal schwer. Bei so vielen Milliarden-Projekten mit einer so hohen Dringlichkeitsstufe kann man sich ja nicht um jedes Einzelne kümmern. Dafür hat man doch untere Chargen, die einen mit den notwendigen Informationen versorgen.

Das heisst im Klartext: Wälze die Arbeit auf andere ab und bade nachher im Glanz des Erfolges. Nun ja, das hat in dem Fall wohl nicht so ganz funktioniert, dennoch träfe das auf einen faulen Nutzniesser zu!!!

Aber das Ergebnis wird dann wohl anders sein.

Wenn der Untersuchungsausschuss erstmal gemerkt hat, das die Bauernopfer die Sekretäre sind, wird wohl unser geschätzter Minister seinen Hut nehmen und bekommt einen Freiflug, raus aus dem Amt…..Dann wäre er wohl doch eher das dann unbemannte , von allen Freunden und Gönnern verlassene Flugobjekt…..

Ihr seht schon, Politik lässt sich auch mit dem Duden erklären. So einfach kann das manchmal sein.

Aber es müssen ja auch Lösungen her und daher schlage ich heute mal folgendes vor:

Wir müssen den Minister aus der Schusslinie nehmen, damit er auch in Zukunft unser Steuergeld noch sinnvoll in die Atmosphäre verpulvern kann. Wir halten uns auch da wieder an den Duden und wandeln die Ursprungserklärung für den Minister passend um.

Diese lautet nämlich wie folgt:

Eine Drohne ist das Männchen der Honigbiene mit etwas grösserem, plumperen Körper ohne Stachel, das sich überwiegend von den Arbeitsbienen füttern lässt.

Da dem Minister im Untersuchungsausschuss der Stachel gezogen wurde, kann er sich ein wenig zurückziehen, das faule Leben geniessen und wir , seine steuerzahlenden Arbeitsbienen zahlen den ganzen Spass.

Aber das machen wir auch gerne, denn verglichen mit den unbemannten Flugobjekten ist das ganze ja ein Schnäppchen!

Und jetzt nehmen wir uns alle den Duden vor und planen unsere nächsten politischen Schritte! Das wird ein Spass , oder?

Bis kürzlich

Samstag, 17.08.2013 Zur Lage der Nation
Blog 26: Gestiegene Konsumlust

Heute ist mein sechsundzwanzigster Samstag auf FB. Was liegt also näher, als ein Statement zur Lage der Nation abzugeben. Kümmern wir uns heute mal um unsere gestiegene Konsumlust und den damit verbundenen Arbeitsaufwand.

Da hatte die Arbeitswoche noch nicht ganz angefangen, da erfahren wir aus dem Arbeitsministerium, das jeder Elfte Arbeitnehmer einen Zweitjob oder Minijob ausübt. Und das natürlich nur, weil wir unsere gestiegene Konsumlust aufgrund der guten Wirtschaftslage befriedigen möchten
.

Da müssen sich aber jetzt mal alle, die aus solch kapitalistischen Gründen Ihre Freizeit mit zusätzlicher Arbeit verbringen, beim Arbeitsministerium entschuldigen.

Jetzt verstehe ich das ja auch erst so wirklich! Ich hab immer gedacht, das viele Menschen sich da einen weiteren Job suchen, weil das normale Familieneinkommen nicht mehr ausreicht, um den Lebensunterhalt zu bestreiten.

Wie konnte ich mich so irren????

Ich war da wohl dem Irrglauben auferlegen, das der Bekannte im Supermarkt Regale einräumt, wenn er von seiner 8 Stunden Schicht aus dem Stahlwerk kommt, weil er nach dem Familienzuwachs (Zwillinge) die laufenden Kosten nicht mehr stemmen kann. Und nun erfahre ich, das er das ja nur macht, weil er den 42 Zöller im Wohnzimmer durch einen 47er ersetzen will, weil er wohl gemerkt hat, das der 42er auch im Bad verschraubbar ist.

Wie konnte ich das nur so völlig falsch verstehen?

Und nun mache ich mir aber auch viel mehr Gedanken über die gestiegene Konsumlust einer Vielzahl unserer regierenden Politiker im Lande.

Wer da so alles in Aufsichtsräten sitzen muss, oder auf Vortragsreisen durch die Lande pilgert um zusätzliche Honorare einzustreichen, die nur einen Zweck haben: Der erweiteren Teilnahme am Wirtschaftskreislauf zu fröhnen!!!

Bislang hatte ich ja noch gedacht, das sei reine Geldgier, aber so kann man sich irren......

Da bin ich also vollkommen blind durch die Supermärkte gelaufen oder habe das beim sonntäglichen Tanken gar nicht registriert. Ich habe gedacht, oh wie schön, die ganze Familie kauft ein, bzw. tankt gemeinsam vor dem Sonntagsausflug. Dabei war das eigentlich eine Familienzusammenführung!

Die Kinder wollten nur mal wieder Ihre Eltern sehen, die sich hier ihr eigentlich verdientes Wochenende mit zusätzlicher Arbeit um die Ohren schlagen, weil sonst der Kühlschrank leer und der Fernseher (diesmal nicht der im Bad) aus bleibt. Also ich bin da sehr sicher, wenn sich alle entschuldigen müssten, die sich aus niederer Konsumlust in einen Zweitjob begeben, dann kämen beim Ministerium nur eine Handvoll Briefe an.

Aber es müssen ja auch Lösungen her und daher muss ich heute folgendes vorschlagen:

In unserer Steuerkarte lassen wir einen Konsumlustfaktor eintragen, der sich aus dem gestiegenen Bedarf an Luxusgütern und dem damit verbundenen Bedarf an Mehrarbeit errechnet. Bei der Steuererklärung müssen wir dann mittels der Kaufbelege nachweisen, das wir das Geld aus dem Zweitjob für die Befriedigung unserer niederen Kauflust genutzt haben und erhalten dann als Förderer der Deutschen Wirtschaft einen Steuerfreibetrag.

Und weil wir ja alle aus reiner Konsumlust arbeiten, können wir von diesem Freibetrag mal endlich wieder einkaufen gehen und den Kühlschrank vollmachen.
Ich pack mir gerade an den Kopf!

Bis kürzlich

Samstag, 31.08.2013 Zur Lage der Nation
Blog 28 : Urlaub damals und heute

Heute ist mein achtundzwanzigster Samstag auf FB. Was liegt also näher, als ein Statement zur Lage der Nation abzugeben. Kümmern wir uns heute mal um? Ja um was kümmer ich mich denn heute??Also eigentlich müsste das heute mal ausfallen, weil an diesem Wochenende unser grossartiges Schützenfest in Glehn zelebriert wird und ich daher eigentlich gar keine Zeit hätte. Und da ja auch die letzte Urlaubswoche anbricht, ist ja ohnehin kaum jemand da, oder??? Also kümmern wir uns heute mal um den Urlaub! Und zwar so, wie der mal war und wie das heute so abgeht….
Habt Ihr auch noch solche Erinnerungen an die Urlaube früherer Tage? Als in der Schule kurz vor Beginn der Ferien nur noch die Frage war: „Fährst Du die ersten oder die zweiten 3 Wochen?" Gehörte man zur ersten Gruppe, wurde man ein wenig beneidet, weil es direkt vom einkassierten Zeugnisgeld an den Strand , in die Berge oder sonst wohin ging. Gehörte man zur zweiten Gruppe, dachte man im Stillen: „Fahrt nur, wenn Ihr wieder da seid, geht's bei mir los!"
Aber eines hatten wir dennoch gemeinsam. Man musste warten!!! Entweder auf den Urlaub selbst, aber vor allem auf die Berichte, die Fotos, die Erzählungen, in denen die dreiwöchige Deutschlandwanderung zum Selbstfindungstrip verklärt wurde. Man musste warten, ehe der beste Kumpel einem die Fotos seiner Urlaubsliebe endlich präsentieren konnte, half später sogar mit, die Liebesbriefe zu schreiben, weil man die Urlaubsliebe ja nicht wiedersah…….
Heute ist das alles anders…..

Noch vor der Fahrt zum Reisebüro (wenn überhaupt) haben wir schon den ersten Post geliked! Wir sind hautnah zu jeder Sekunde mit dabei, vom Kofferpacken bis zum Abflug, wir mäkeln schon gemeinsam über das schlechte Zimmer im Hotel, bevor das Housekeeping eine Chance hat, den Mangel zu beseitigen. Die Kalorien sind schon gezählt, noch ehe die erste Gabel im Mund verschwunden ist. Ja, teilweise, können wir vielleicht noch schnell eine Nachricht schicken: Hol mal Deinen Jungen aus der Sonne, sonst hat der gleich Sonnenbrand und können somit schlimmeres verhindern. Ich meine , für mich als Daheimgebliebenen ist das ja ein schöne Sache. Ich war in diesem Jahr zeitgleich an den schönsten Stränden, auf den tollsten Bergen und überall wo es schön ist, oder auch manchmal eben nicht. Für Euch alle war das vielleicht ein bisschen schade….Ihr habt soviel Zeit im Urlaub mit liken, posten und mitteilen verbracht, das Euch da vielleicht ein klein bisschen was entgangen ist….Naja, diese Zeit habt Ihr aber jetzt, nach dem Urlaub wieder eingespart, denn da muss ja keiner mehr etwas berichten, was nicht schon bekannt wäre…..
Und darum ist die heutige Lösung ja auch ganz einfach und wir kehren da wieder an den Ausgangspunkt meines heutigen Statements zurück:
Ich schlage vor, das Ihr alle einfach mal die Zeit , die Ihr nun habt, nutzt und auch was tolles unternehmt!!! Noch ist Urlaub und Ihr habt es alle ganz bestimmt verdient!!!! Im Zweifel besucht einfach mal unser herrliches Glehner Schützenfest.
Schöööööön!!!!

Bis kürzlich!

Samstag, 07.09.2013 Zur Lage der Nation
Blog 29: Bundestagswahl

Heute ist mein neunundzwanzigster Samstag auf FB. Was liegt also näher, als ein Statement zur Lage der Nation abzugeben. Kümmern wir uns heute mal um die anstehende Bundestagswahl am 22. September.

Nun ist es wieder soweit: Die Bundestagswahl kommt immer näher und wir alle sind wieder aufgerufen, mit unserer Stimme das Zünglein an der Waage zu spielen und einem der geschätzten Kandidaten und seiner Partei zu Amt und Würden zu führen.

Aber wie man hört und liest, geben sich ja alle beteiligten Parteien die grösste Mühe, die Menschen überhaupt mal an die Wahlurne zu bekommen. Nun ja, das ist eben eine Folge des Freizeitüberangebotes, das uns heutzutage offeriert wird! Man kann für die Parteien ja nur hoffen, das nicht allzu viele verkaufsoffene Sonntage sind!!!

Denn dann müssen die Einen arbeiten und wir anderen nutzen den herrlichen Tag im Spätsommer, um noch mal ein Schnäppchen in einem Unterhaltungsmarkt zu tätigen , weil wir nicht blöd sind oder wir lassen uns einfach mal bei 25 Grad die ersten frisch gekauften Printen und Zimtsterne schmecken, die schon reichlich in den Märkten zu finden sind.

Die Überlegung ist dann ja gegeben!
Suche ich den Eingang zum Wahllokal in einer muffigen Sporthalle einer Schule auf und nutze das kleine

bisschen Macht, das mir gegeben wird aus, um ein Kreuz an der Position zu machen, von der ich glaube, das ich in den nächsten Jahren am besten hinters Licht geführt werde.

Oder nutze ich meine Macht der freien Entscheidung und mache ich das wie die ewigen Nörgler, bei denen immer die, die gerade dran sind, die Ursache allen Übels sind?

Also nicht wählen und sich später bei jeder Gelegenheit beschweren. Also ich habe ja einfach mal die Gelegenheit genutzt und den Wahlomat genutzt, einfach mal aus Neugierde.....Geholfen hat das aber nix.

Meine Traumthemen waren bei keiner These dabei:

Rente mit 50, 16 Gehälter für Alle, Steuersenkungen auf breiter Ebene, Gesundheitsreform mit kostenlosem Nobel-Zahnersatz für Alle......

Tja, nun steh ich also wieder genau so schlau da wie vorher....und muss überlegen, was ich mit meiner politischen Meinung anfange:

Wähle ich die bestehende Amtsinhaberin und lass mich weiter von einem marineblauen Hosenanzug regieren, der von seinem Mentor eines gelernt hat: Unbequeme Widersacher aus der eigenen Partei konsequent loszuwerden und wegzuloben.

Oder soll ich mein Kreuz beim Herausforderer Nr. 1 machen? Dem stilvollen, redegewandten und weltmännischen Typ , dessen Charisma uns alle in seinen Bann zieht, zumindest, wenn man hinter den sieben Bergen wohnt und noch nie im Leben einen anderen Politiker zu Gesicht bekommen hat......Von den Gelben mal ganz abgesehen, von denen hätte eine Fussballmannschaft ja noch nicht mal einen auf der Ersatzbank in der Reservemannschaft.

Und was machen wir mit den ganz linken, den Erben einer Nation, die wir glücklicherweise durch die Wiedervereinigung abgeschafft haben?

Am besten die Tür zu, denn dann sind die draussen.

Blieben noch die Spassparteien und die, die man im Fernsehen auf einmal sieht, weil ein Wahlwerbespot ausgestrahlt werden muss, ob der Bürger will oder nicht. Also, das Wahlkarussell hat für uns alles geöffnet und nun ist es an uns, die richtige Enscheidung zu treffen.

Doch ich mahne an dieser Stelle wie einst einer meiner Helden aus der Filmwelt. Obiwan sagte es einst:
Hüte Dich vor der dunklen Seite der Macht!!!! Und da kommt das nächste Problem....Welcher Politiker weiss noch, was hell oder dunkel ist.......

Aber egal, es müssen ja auch Lösungen her und es kann nur so funktionieren, das wir alle wählen gehen müssen!!! Lieber in einer muffigen Halle ein Kreuz für die Partei gemacht, der wir es am ehesten zutrauen, uns gut zu regieren, als beim Unterhaltungsmarkt einen Schnäppchenfernseher oder wo anders ein Modellkleid oder teure Schuhe zu kaufen. Denn das kostet uns wahrscheinlich am Ende mehr, als ein Kreuz an der falschen Stelle.

Bis kürzlich

Samstag, 14.09.2013 Zur Lage der Nation
Blog 30: Ist denn schon Weihnachten?

Heute ist mein dreißigster Samstag auf FB. Was liegt also näher, als ein Statement zur Lage der Nation abzugeben. Kümmern wir uns heute mal um das wohl offensichtlich anstehende Weihnachtsfest. Nachdem ich nun das alljährliche Schützenfest gefeiert und auch bestens überstanden habe, wollte ich mal wieder einkaufen und meine Vorräte auffüllen. Aber kaum im Supermarkt angekommen, hatte ich den Eindruck, der Flux-Kompensator wurde doch erfunden und in die Türen der Einkaufstätte eingebaut! Ich war doch bei sommerlichen 22 Grad losgelaufen, mit Shorts, T-Shirt und Schlappen aber direkt hinter den Schwingtüren des Shops muss es eine andere Zeitrechnung geben. Spekulatius, Zimtsterne und Dominosteine wurden mir schon in der Obstabteilung in den Weg gestellt und bei der Suche nach Zwiebelkuchen und Federweissen wäre ich beinahe über die Oblaten-Lebkuchen gestolpert, die auf einem kleinen Podest aufgebaut wurden.....Und so stecke ich ja gleich wieder in einem Einkaufsdilemma!!!
Kaufe ich nun die durstlöschende Wassermelone, wie vorgesehen, oder nehme ich stattdessen die äußerst erfrischenden Oblaten Lebkuchen mit weihnachtlichen Gewürzen??? Oder habe ich vielleicht doch während des Schützenfestes ein paar Bier zuviel getrunken und zwischenzeitlich wurde der Advent auf 12 Sonntage ausgeweitet, was ja sinnvoll wäre, um alle Spendenprojekte auch wirklich angemessen auf die Adventssonntage verteilen zu können! Als ich mal vorsichtig einen

Mitarbeiter gefragt habe ob auch heute der 14. September ist und das so richtig ist, meinte der nur: Ja klar, ist doch jetzt die Zeit dafür!!! Puuh, Glück gehabt oder auch Pech! Denn zum einen heisst das ja, das es den Flux-Kompensator doch noch nicht gibt und zum anderen soll ich mir also doch schon Gedanken über Weihnachten machen???

Also ich weiss nicht, da werde ich wohl erstmal in der Eisdiele eine Erfrischung brauchen, ehe ich in der Lage bin, mich auf Zimtsterne und Co. einzustellen. Gar nicht davon zu reden, das der Briefkasten bald schon wieder unter der Last der bunten Prospekte leiden wird, die dann in doppelter Menge eingeworfen werden und dann viermal so schwer sind, wenn sie mal wieder vom Herbstregen durchnässt wurden, weil kein Bote sich mehr die Mühe macht, die Zeitung mal ordentlich in den Briefkasten zu werfen.

Aber es müssen ja auch Lösungen her und deshalb schlage ich da mal folgendes vor: Es gibt ja auch schon Überlegungen, die Fussball WM in Katar in den Winter zu verlegen! Das wäre doch genau die richtige Chance!!! In dem Jahr legen wir einfach Weihnachten in den Sommer, so glauben wir alle, die Zeitmaschine wäre doch erfunden worden und für den Supermarkt ändert sich ja auch nix, der kann weitermachen wie immer und alle sind zufrieden......

Bis kürzlich

Samstag, 21.09.2013 Zur Lage der Nation
Blog 31: Die gnadenlose Erkältung!

Heute ist mein einunddreißigster Samstag auf FB. Was liegt also näher, als ein Statement zur Lage der Nation abzugeben. Kümmern wir uns heute mal um die furchtbarste normale Erkrankung, die einen Mann vollkommen aus der Bahn wirft: Die hinterhältige und gnadenlose Erkältung!
Es ist schon ein Phänomen oder? Wir, die genialste Schöpfung menschlichen Daseins, ausgerüstet mit Widerstandskraft, Muskeln , Hirn und Bildung, Vollbringer schöpferischer Höchstleistung usw. usw. müssen bei einer Erkältung feststellen, das wir an der Grenze des Aushaltbaren angekommen sind!! Wir können uns die härtesten Zombiefilme ansehen, dabei Pizza essen und uns köstlich über das spritzende Blut amüsieren! Wir können im Kino bei Titanic die Filmtricks lautstark loben, wenn der olle Kahn endlich auseinanderplatzt und im kalten Meer versinkt. Aber wehe, es wird Herbst in Deutschland. Wenn es so usselig kalt wird, das uns selbst unsere schon oft gelobte Funktionsbekleidung nicht mehr vor dem gemeinen Infekt schützt, der unsere Nasen zum Laufen bringt, uns Husten lässt und einfach nur müde macht.
Ja, liebe Frauen, für uns Männer ist das quasi eine Nahtoderfahrung. Jedes Jahr haben wir den grausamsten Schnupfen und die schlimmste Erkältung seit Beginn der Wetteraufzeichnung!! Keiner hat das je so schlimm gehabt, wie gerade wir selbst in diesem Moment! Das ist keine Erkältung, sondern eine mörderische Epidemie, die uns Männer da befällt. Ich bin mir heute noch

sicher, das man für die Synchronisation von Darth Vader einfach einen Mann genommen hat, der gerade mit seiner Erkältung gekämpft hat, darum kommt uns das geröchelte „Luuuuukkkke, ich bin Dein Vater" auch so besonders gemein vor. Wir wollen dann nichts hören und nix sehen, sondern einfach nur mit unserem Leben abschliessen….

Ihr merkt schon, heute macht er aber auf wehleidig! Ja klar, ich habe ja auch gerade wieder diese tückische und nahezu unheilbare Männererkältung….Alles wäre mir lieber……nur nicht das ….

Aber egal! Natürlich raffe ich mich dennoch von meinem Krankenlager auf, um dies auch heute kundzutun….Die beste Heilung für uns Männer ist ja dann immer, jedem mitzuteilen, wie furchtbar einen diesmal der Pips gefangen hält…..Sofort findet man Leidensgenossen und schon ist die Erkältung schon halb weg….

Aber dafür müssen ja auch Lösungen her und daher liebe Frauen…..Lasst uns diese kleine Leidensbastion, wir lassen uns auch gerne betüddeln und wollen einfach mal nur ein paar Tage grantig und unleidlich sein……das macht uns auch mal Spass…..

Bis kürzlich

Samstag, 28.09.2013 Zur Lage der Nation
Blog 32: Tag des Butterbrotes

Heute ist mein zweiundreißigster Samstag auf FB. Was liegt also näher, als ein Statement zur Lage der Nation abzugeben. Kümmern wir uns heute mal um den gestrigen Tag des Deutschen Butterbrotes!

Was, das wusstet Ihr nicht??? Klingt komisch und ist auch so, aber gestern war tatsächlich der Tag des Deutschen Butterbrotes. Jetzt könnten wir alle sagen, na und? Was soll uns das nutzen? Aber da steckt wortwörtlich sicher mehr drin. Vor allem wenn man bedenkt, das der heutige Samstag, der Welttag der Tollwut ist!!

Aber wir waren beim Brot!

Das tägliche Brot ist uns allen doch schon so in Fleisch und Blut übergegangen, das man oft gar nicht mehr daran denkt! Meistens merkt man erst unterwegs, das man seine Frühstücksstullen wieder mal zuhause vergessen hat.

Aber davon mal abgesehen. Jeder von uns hat doch so seine eigene Bezeichnung für sein Esspaket, oder???

Von Wumme, bis Botterramme, bis Brotzeit oder gar Jause, allzu vielfältig sind die Bezeichnungen. Also ich erinner mich immer noch gerne an das Butterbrot, das es bei meiner Oma gab! Immer mittags nach der Schule, ging ich bei meiner Oma vorbei und weil sie gerne

Ihren Mittagsschlaf machen wollte, bekam ich dann immer eine Doppelscheibe von Ihrem köstlichen, selbstgebackenen Weissbrot , auf dem nicht nur fingerdick die Butter war (hoffentlich liest mein Arzt das nicht) sondern auch köstlicher Imkerhonig. Damit wurde ich dann auf den Hof geschickt und Oma hat sich hingelegt, wissend, das nun mal ne halbe Stunde Ruhe war……..

Aber auch der Begriff verdient ja heute unsere Beachtung. Es heisst ja nicht umsonst, das man jemandem etwas aufs Butterbrot schmiert……

Also gerade heute fallen mir so einige ein, denen könnte man mal gut was aufs Butterbrot schmieren, aber sicherlich nicht fingerdick Butter und Honig. Kennt Ihr auch so welche??? Dann mal tief Luft geholt und ein moralisches Butterbrot geschmiert.

Hat nicht funktioniert? Hab ich mir gedacht…

Aber das liegt ja auch daran, das aus dem einstigen Klassiker von Früher mittlerweile eher ein Softi geworden ist. Glaubt Ihr nicht? Dann mal scharf nachgedacht. Wie sah denn so ein Brot früher aus? (Nicht nur das von Oma!)

Zwei Scheiben schönes frisches Brot vom Bäcker (den gab es noch!!!), Butter oder Margarine, dann Käse oder Wurst und Ende! Einfach, Ehrlich und gut.

Diese drei Eigenschaften suchen wir heute meistens bei denen, denen wir etwas aufs Butterbrot schmieren möchten!!!!

Aber wie ist das heute? Heute hat das Brot manchmal Namen, die man kaum noch ausssprechen oder schreiben kann, wie z. B. Panetito oder Ciamattabatta oder so ähnlich.

Und anstelle der guten Butter wird das schöne Brot mit Remoulade, Mayo , Unmengen von Salat vollgestopft, damit man sich nachher im Auto unterwegs auch garantiert die Klamotten versaut und ausserdem spart man so natürlich auch einiges am regulären Belag ein.

So wird das geliebte Butterbrot dann eher zu einer bunt aufgehübschten Mogelpackung. Klickt es gerade wieder??? Genau, das Brot scheint sich denjenigen automatisch angepasst zu haben, denen wir es gerade schmieren wollten......

Daher ist die Lösung ja ganz einfach: Es ist an der Zeit, das sich die, denen wir am liebsten täglich was aufs Butterbrot schmieren möchten, ein wenig ändern!!!

Dann können wir die Zeit nutzen, endlich mal wieder ein leckeres , ehrliches und gutes Brot essen! Ohne Schnickschnack und Firlefanz. Aber ich glaub, das wird nix! Und da haben wir den Salat......

Bis kürzlich

Samstag, 12.10.2013 Zur Lage der Nation
Blog 34: Der sparsame Bischof

Heute ist mein vierunddreißigster Samstag auf FB. Was liegt also näher, als ein Statement zur Lage der Nation abzugeben. Kümmern wir uns heute mal um den bescheidenen Bischof aus Limburg.

Also da kommt ja wirklich mal wieder richtig Schwung in die Kirche, oder??? Kaum haben die mal wieder einen medienwirksamen Bischof, der sich ein wenig bemüht, sein Bistum auch nach aussen in eine glanzvolle Postion zu bringen, die stärker leuchtet als jeder Heiligenschein, muss er sich schon mit Schmährufen und Rücktrittsforderungen auseinandersetzen!

Da verstehe ich die ganze Aufregung doch gar nicht. Ich meine, was sind schon die paar Millionen Euro Mehrkosten für den feudalen Bischofssitz?

Der Mann hat doch sicher mal ein paar Jahre während des Studiums oder wann auch immer mal sehr bescheiden gelebt, da kann er doch ruhig mal ein paar Extras in seine Dienstwohnung einbauen.

Das ist ja ungefähr so, als ob wir zu einer Bank gehen, die uns grünes Licht für die Finanzierung eines Kleinwagens gibt , und wir kaufen stattdessen einen italienischen Rennwagen mit 600 PS und sagen dann hinterher, der hatte ein paar Extras mehr. Und dann sagt erstmal auch keiner was und wundert sich hinterher, warum da aus 15000 € mal eben 150000 geworden sind, bzw. 31 Millionen. Ist doch in heutigen Zeiten sowieso unter Peanuts abzuhaken. Wer regt sich denn bei solchen Zahlen noch gross auf?

Und was solls, so wie man liest, kommt das doch auch alles aus der Bischofsschatulle!!! So etwas hätte ich auch gern!

Aber so schafft man es zumindest mal locker in die täglichen Nachrichten oder sogar bis hierhin zum Statement! Da ist er doch jetzt mal in richtig luxuriöser Gesellschaft! Das schafft man natürlich nur mit einem streng autoritären Führungsstil! Respekt ! Das hat er sicher und leicht geschafft! Immer das Ziel vor Augen und die volle Geldbörse in der Hinterhand.

Aber es doch immer so. Luxus schafft immer Neider. Nun bringt sich hinter dem Wolf natürlich das restliche Rudel in Stellung und formiert sich zur Ablösung. Wie immer hat keiner etwas gewusst und fordert nun drastische Massnahmen. Was solls!

Die werden es schon heimlich genug richten und irgendwann erfahren wir dann, das der Bischof nun ein Bistum führt, das es gar nicht mehr gibt! Ja, das geht wirklich, das kann der Papst veranlassen.

Schauen wir mal ob das nicht auch anders geht.......Für die Kirche ist das sicher jetzt nicht so toll, wie soll man in so einer feudalen Umgebung noch mit ruhigem Gewissen die Kollekte für die ärmeren Menschen einsammeln? Hätte man das alles vorher wissen können? Na, das ist sicher schwer zu beantwor-

ten. Obwohl man das ja schon anhand der Initialen des Bischofs hätte erkennen können, die ja gleich die Schlagzeile des ganzen Dilemmas abgeben!
F ranz P eter T ebarz V an E lst hiesse ja so zusammengesetzt:

FEUDALER PREDIGER TEURER VERSCHWENDUNG ENTLARVT!!!

War doch gar nicht so schwer oder?

Aber jetzt geht es ja an die Konsequenzen und es müssen Lösungen her und daher schlage ich heute mal folgendes vor:

Wir haben ja vor einigen Monaten schon mal den übrigens immer noch nicht fertigen Berliner Flughafen überdacht und genau dahin packen wir jetzt den Limburger Amtssitz samt seines Bischofs.

In diesem Milliardengrab fallen die paar Millionen Euro zum einen gar nicht mehr auf und ausserdem braucht man dort sicher auch einen Geistlichen, der zum Umfeld passt. Dann ist Ruhe und wir können in Limburg wieder einen ganz spartanischen Bischofssitz installieren, vorausgesetzt, die Schatulle des Bischofs wurde noch nicht vollständig geleert…..

Bis kürzlich

Samstag, 26.10.2013 Zur Lage der Nation
Blog 36: Ende der Sommerzeit

Heute ist mein sechsunddreißigster Samstag bei FB. Was liegt also näher, als ein Statement zur Lage der Nation abzugeben! Kümmern wir uns heute mal um das Ende der Sommerzeit!!!!!

Also heute Nacht ist es ja wieder soweit! Nach mehreren Monaten der Eingewöhnung kommt nun für alle Kühe in den landwirtschaftlichen Betrieben unserer blühenden Nation die endgültige Umstellung auf die neue Melk ähm Winterzeit! Da sag noch einer, wir hätten uns nicht ordentlich vorbereitet! Der gemeinen deutschen Kuh dürfte das egal sein. Hauptsache, es wird zeitnah gemolken, ehe der Euter überläuft.

Das Gemeine ist ja auch folgendes: Während wir noch überlegen, ob die Uhr zurückgestellt wird und wir deshalb eine Stunde früher aufstehen müssen, hat die Kuh schon einen gründlich vorbereiteten Umstellungsplan hinter sich und würde durch artgerechte Verschiebung der Melkzeit um wenige Minuten langsam an die neue Zeit herangeführt!

Jetzt fragen wir uns natürlich, was soll das alles? Haben wir was davon? Ist es morgens früher spät und abends länger Tag oder wie war das? Stößt die Kuh nun weniger Methan aus und sorgt für eine bessere Umweltbilanz? Also ich finde, es müssen ja auch Lösungen her und daher schlage ich heute folgendes vor: Der gemeine Steuerzahler wird ja auch gemolken und das eigentlich nicht zu knapp und auch völlig ohne Eingewöhnungszeit! Und nun machen wir uns das Prinzip für die Kuh zu Nutze!!!! Wir werden auch mehrere Monate schonend darauf vorbereitet und zum Schluss schaffen wir die Sommerzeit endlich mal ab und allen, auch der Kuh ist damit mal so richtig geholfen!!!!!

Bis kürzlich

Samstag, 02.11.2013 Zur Lage der Nation
Blog 37: Halloween

Heute ist mein siebenunddreissigster Samstag bei FB. Was liegt also näher, als ein Statement zur Lage der Nation abzugeben. Kümmern wir uns heute mal um Halloween und seine Auswüchse.

Da ist die Nacht der Nächte also wieder einmal rum. Halloween…..Was uns vor etlichen Jahren nur aus einem gleichnamigen Horrorschocker bekannt war, ist inzwischen ein salonfähiges und lustiges Spektakel geworden. Obwohl, manch einer , vornehmlich aus der älteren Generation weiss damit gar nicht so recht was anzufangen und denkt , Sankt Martin sei vorgezogen worden….und mit Karneval kombiniert oder so…..Aber egal, wir alle finden das inzwischen lustig und da es ja am nächsten Tag einen kirchlichen Feiertag hat, kann man ja ohne Probleme auf eine der ungezählten Halloween Parties gehen und es mal wieder ordentlich krachen lassen.

Schöne Sache, vor allem hat der Handel inzwischen erkannt, das man da viel mehr Geld mit verdienen kann, als mit der Werbung für die Allerheiligen Devotionalien. Die findet man im Hochglanzprospekt meist versteckt auf der letzten Seite, während Halloween Kostüme , Schminke, Lichterketten, Dekokürbis etc. auf den ersten Seiten feilgeboten werden…..So ändert und dreht sich halt die Welt. Ich finde das lustig, wenn dann abends ganze Banden von kleinen Zombies, Monstern und gruseligen Figuren durch die Strassen ziehen, an der Tür klingeln und ein verstörter Rentner in Schlafanzug und Pantoffeln gar nicht so recht weiss, wie ihm geschieht!!!

Noch besser ist Halloween ja auch für uns Erwachsene……Wir gehen mal komplett gestylt und bis zur Unkenntlichkeit verstümmelt auf eine Party und für die Singles ist das natürlich ein ganz besonderer Reiz. Hier wird der Flirt ja in gewisser Weise zum lebenden Überraschungsei!!!

Wer weiss denn schon, was sich hinter der gestylten Horrormaske verbirgt? Okay, beim ersten Hinsehen denkt man vielleicht : OK, schlimmer kanns ja nicht mehr werden! Die Maske ist so gruselig, da kanns ja nur besser werden! Aber dann kommt es vielleicht zum Paradoxum! Während der Halloween Filme konnte man früher nicht mehr einschlafen und nach einer Halloween Party gibt es oft das böse Erwachen! Das ist wohl der Unterschied zwischen Ursache und Wirkung…..

Aber es müssen ja auch Lösungen her und daher schlage ich heute folgendes vor. Wir müssen Halloween als Nationalfeiertag einrichten, damit die gesamte Bevölkerung umfassend informiert wird und sich mit entsprechender deutscher Gründlichkeit darauf vorbereiten kann. Dann gibt es Ende Oktober immer Halloween bis zum Äußersten. Ob das Süss oder Sauer ist, weiss ich aber auch nicht so genau.

Bis kürzlich!

Samstag, 09.11.2013 Zur Lage der Nation
Blog 38: Heimwerken

Heute ist mein achtunddreißigster Samstag bei FB. Was liegt also näher, als ein Statement zur Lage der Nation abzugeben. Kümmern wir uns heute mal ein wenig um uns selbst!

Kennt Ihr das auch? Eigentlich ist ja Start ins Wochenende, wenn wir nicht gerade zu den Unglückseligen gehören, die am Wochenende arbeiten müssen, oder noch schlimmer, wir wollen oder müssen ein bisschen heimwerken!!!!

Also für mich ist das eine Herausforderung !!! Schlimmer noch als das heimwerken ist aber die Fahrt zum Baumarkt! Erst kriegst Du keinen Parkplatz, dann musst Du mit ansehen, wie Dir ein Rentner den letzten Flachwagen vor der Nase wegschnappt! Gut, das Du noch nicht weißt, das Du den Flachwagenrentner nachher an der Kasse noch einmal treffen wirst , wenn er umständlich die 10er Packung Holzdübel vom riesigen Wagen auf das Kassenband wuchtet, um gleich darauf ein Kritikgespräch mit der Kassiererin zu beginnen, weil das Päckchen 10 Cent teurer ist als am Regal!

Gut, zu diesem Zeitpunkt ist unser Aggressionspotential schon auf einem Level, das John Rambo in allen Filmen zusammen nie erreicht hat, aber das liegt ja an der Verkettung all der unglücklichen Umstände, die uns seit Betreten des Marktes ereilt haben! Nachdem wir endlich die Orientierung im

Markt wiedergewonnen haben, stellen wir als erstes fest, das wir die Materialliste mit allen Maßen zuhause auf dem Tisch vergessen haben! Aber egal, wir sind ja gut im improvisieren und schaffen das auch so! Leider stellt sich dann heraus, das es offensichtlich doch zuviele passende Schalter gibt, die wir verwenden könnten und die passenden Schrauben und Dübel scheinen eine ganz andere Länge zu haben als geplant. Und überhaupt, soviel Holzlatten brauchen wir doch eh nicht!

Wäre ja alles nicht so schlimm, aber während wir den ganzen Kram zur Kasse schleppen, bemerken wir den Aufbau mit den Winterprodukten rund ums Auto und balancieren am linken kleinen Finger noch eine Flasche Scheibenfrostschutz zur Kasse, an der wir dann wieder auf den Rentner von weiter oben treffen. Mittlerweile läuft uns schon das Schwitzwasser den Rücken herunter , weil das ganze Zeug zum einen unhandlich und schwer, aber die Temperatur in der Kassenzone dank turbinenartiger Heizlüfter gefühlte 50 Grad beträgt!

Und der eigentliche Supergau kommt erst noch! Während wir versuchen, die ganzen Sachen aufs Kassenband zu legen, klingelt natürlich das Handy, wo uns der Partner anrufen möchte, um uns zu sagen, das wir die Liste vergessen haben! Toller Tip! Zeitgleich teilt uns die Kassiererin mit, das die Holzbalken nicht ausgezeichnet sind, aber der Kollege gerade in der Pause ist und wir in der Abteilung warten müssen! Das ist doch dann zuviel für uns! Wir lassen den Kram dann dort in der Abteilung liegen und kaufen stattdessen einen Buchsbaum aus dem Angebot, damit wir nicht mit leeren Händen nach Hause kommen!

Ich hab inzwischen eine ganze Allee davon Zuhause! Und damit sind wir auch schon bei der Lösung, die ja nun her muss:

Ich fahre jetzt immer direkt zu einer Gärtnerei und kaufe einen Buchsbaum und den schenke ich dann einfach dem nächsten Rentner, den ich mit einem Einkaufswagen sehe! Der guckt mich dann zwar misstrauisch an, aber das ist es mir wert. Danach nutze ich das Wochenende und ruhe mich vom megastressigen Heimwerken aus!!!!!

Bis kürzlich

Samstag 16.11.2013 Zur Lage der Nation
Blog 39: Die heisse Phase

Heute ist mein neununddreissigster Samstag bei FB. Was liegt also näher, als ein Statement zur Lage der Nation abzugeben. Kümmern wir uns heute mal um den Beginn der heissen Phase!!!

Ja, nun geht es langsam aber sicher wieder los!!! Die heisse Phase startet! Wir gehen alle gemeinsam mit grossen Schritten auf das Weihnachtsfest zu!!! Und da wird es natürlich auch Zeit für mich, ein paar Gedankengänge anzustellen.

Mittlerweile könnten wir alle das doch locker aus unserer Routine abspulen, oder? Wir alle haben ja schon einige Weihnachtsfeste hinter uns! Und dabei ist es ja auch egal, ob wir noch der Kirche verbunden sind oder nicht, Weihnachten vereint dann irgendwie wieder alle!!!

Das fängt ja schon mit der Parkplatzsuche in den Innenstädten an, oder? Auf einmal haben wir mit dem verhassten Nachbarn wieder was gemeinsam! Wir suchen einen Parkplatz! Aber warum muss ausgerechnet der uns den letzten wegnehmen??? Hätten wir doch vielleicht am Vorabend den Wagen ins Parkhaus stellen sollen und wären dann mit dem Bus gefahren?

Dann hätten wir da schön auf Ihn warten können und er hätte das lange Gesicht gemacht. Oder wir hätten dann mal kurz so getan , als würden wir aus dem Parkhaus rausfahren und in dem Moment , wo er den Blinker setzt , um auf den Parkplatz zu warten, hätten wir schnell die Türen wieder zugemacht und wären rausgegangen......Natürlich nicht ohne uns drüber kaputt zu lachen!

Aber meistens sieht man sich ja zweimal im Leben und während der Weihnachtseinkäufe wahrscheinlich eher zehnmal! Als konsumorientierte Luxusshopper (egal welches Budget) treffen wir ja wie von Geisterhand gesteuert ohnehin an vielen Orten wieder zusammen!

Es muss uns doch gelingen, die Fehde aus dem Parkhaus auch in die Geschäfte zu tragen! Beim Streit um das letzte Tablet aus dem Angebot oder um die letzte Spielkonsole mit Bonuspack! Noch nie war Nächstenliebe und Besinnlichkeit so einfach!!! Ich gehe dann immer in ein Geschäft, wo ich mit Sicherheit nichts brauche oder kaufen möchte und schaue mir diese ergreifenden Szenen immer wieder an. Ist doch Hammer, wie sich friedliebende Menschen, die eigentlich nur für Ihre Liebsten schöne Weihnachtseinkäufe machen möchten, zu Konsumterroristen mit Kaufauftrag verwandeln und diesen auch, koste es was es wolle, in aller Öffentlichkeit umsetzen und ausdiskutieren.

Sehr zum Ärger der Produktkonkurrenten, aber sehr zum Spass für mich!!!

Da wünscht man sich manchmal einen Logenplatz mitten im Geschäft, um sich das alles bei Kaffee und Kuchen oder mit einem Glühwein anzusehen! Apropos Glühwein! Das ist ja auch meist so eine Sache auf den ganzen Weihnachtsmärkten. Ich mag das ja, habe aber immer ein Problem.

Meistens machen die den Kunststoffbecher so voll, das man den gar nicht anpacken kann, ohne sich entweder die Finger zu verbrennen, oder sich die heisse Brühe auf die Klamotten zu kippen, weil man gerade im Moment des Abnippens vom Becherrand mal ordentlich gerempelt wird.

Aber das macht ja nichts, wir haben ja gelernt, das wir diese Aggression konservieren müssen, damit wir im nächsten Geschäft noch genug Streitpotential überhaben! Ist ja meistens nur blöd, das im Moment meiner Aggression gerade kein Ventil sprich Nachbar oder so in der Nähe ist.

Also müssen wir das ja am Verkäufer ablassen! Und sei es auch nur, um hier durch geschicktes Feilschen den Preis zu senken, damit wir den Glühwein und die Reinigung der Jacke wieder herausgeholt haben. Vorweihnachtszeit, ich liebe Dich!!!!

Aber es müssen ja auch Lösungen her und daher schlage ich heute folgendes vor:

Wir bleiben einfach mal ruhig und gelassen! Wir lächeln einfach immer aus Prinzip! Wir lassen den verhassten Nachbarn einfach in unsere Parklücke fahren! Wir feilschen nicht um Preise! Wir wärmen einfach unsere Hände am Glühwein!

An der Stelle wache ich dann schweissgebadet auf und denke:

Niemals! So macht Vorweihnachtszeit doch gar keinen Spass!!!!

Bis kürzlich!

Samstag, 23.11.2013 Zur Lage der Nation
Blog 40: Werbebriefe meiner Versicherung

Heute ist mein vierzigster Samstag bei FB. Was liegt also näher, als ein Statement zur Lage der Nation abzugeben. Kümmern wir uns heute mal um die Werbebriefe meiner Versicherung.

Also eigentlich wollte ich am gestrigen Freitag morgen nur wie gewohnt den Arbeitstag starten und mich dann auf das anstehende Wochenende freuen. Aber der morgendliche Griff in den Briefkasten wurde dann doch zur absoluten Schrecksekunde für mich. Sah dabei zuerst mal ganz harmlos aus! Ein Infobrief meiner Versicherung, das konnte ich schon am hellblau gefärbten Umschlag erkennen! Aber dann die Aufschrift:

Sterben ist teuer – sorgen Sie vor!

Da wurde mir nun doch etwas mulmig. Soll ich mich jetzt um eine günstige Sterbemöglichkeit kümmern? Und wenn ja, wie kommt da meine Versicherung ins Spiel? Okay , vielleicht gilt da schon der alte Leitsatz: Wer früher stirbt , ist länger tot! Aber ich bin doch gerade mal knapp Mitte 40, da find ich das schon etwas gemein…Und überhaupt, wieso sollte ich da meine Versicherung beauftragen und mein Ableben planen??? Ich stelle mir das gerade etwas merkwürdig vor. Normalerweise und so habe ich das mal gelernt, ist doch das Leben das Teuerste Gut, das wir besitzen. Zum einen, weil wir nur Eines besitzen und zum Anderen, weil es hoffentlich noch sehr sehr lange dauert. Aber die Zeiten scheinen sich geändert zu haben. Sterben ist jetzt teuer, so kann das gehen. Was mache ich denn da jetzt???? Soll ich mal im Internet schauen, ob es vielleicht schon Sarg24 de gibt oder einen Urnen-Discount???? Ich weiss, das hört sich jetzt alles etwas makaber an, aber darauf läuft es ja wohl dann hinaus??? Gibt es vielleicht in späteren Jahren im Zuge einer Rentenreform ein staatlich festgelegtes Einheitsbegräbnis? Darüber denke ich besser erst gar nicht nach! Das ist keine tolle Idee und bringt mich jetzt bei meiner Versicherung auch nicht weiter…Aber immerhin, nachdem ich den Brief geöffnet habe, stelle ich fest, das es drei Varianten gibt, mit unterschiedlichen Zielsummen. Und da stelle ich dann wieder fest, selbst im Tod wird der Lebende noch ausgenommen. Eine Dreiklassen-Gesellschaft auch hier. Naja, sind wir ja so gewöhnt. Warum etwas ändern…..

Aber es müssen ja auch Lösungen her und daher schlage ich heute mal meiner Versicherung folgendes vor: Wer auch immer von Euch überstudierten Werbestrategen sich diese Aufschrift für den Briefumschlag ausgedacht hat, zusammen mit den Bild des Lächelnden leicht ergrauten Mannes dazu, mit dem man sich beinahe identifizieren könnte, Du gehst jetzt mal für einen Monat in ein Praktikum bei einem Bestattungsunternehmer und kannst Dir von A-Z ansehen, was mit Deinen so schön beworbenen Versicherten passiert. Mach Dir keine Sorgen, was für den Bestatter gilt, ist ja auch für die Versicherung wichtig: Die Toten sterben nie aus!!! Und dann merke Dir einfach eins:
Ich lebe noch! Und das sehr gerne und hoffentlich noch lange!
Bis kürzlich

Hinten raus gibt's auch noch was!

So, nun sind also auch noch alle Statements, die bis zur Drucklegung fertig waren, mit ins Buch gekommen. Jetzt könnte ich eigentlich sagen: Fertig ist!!

Aber so einfach lasse ich natürlich meine Leser nicht aus diesem Buch heraus. Als erstes einmal muss ich sagen, das mir die letzten zwei Jahre, an denen ich sehr intensiv an diesem Buch, bzw. auch Woche für Woche an den Statements gearbeitet habe, sehr viel Spass gemacht haben. Es war nicht immer einfach, für den Samstag ein Thema zu finden, aber zu guter letzt hat es doch meist jemand geschafft, sich derart in den Vordergrund zu drängen, das ich nicht daran vorbeikam. Nun überlege ich schon seit einigen Wochen, wie geht es weiter? War es das jetzt, oder mache ich weiter? Klar mache ich das. Es wird auch in Zukunft jeden Samstag ein Statement geben, vielleicht verändere ich ein wenig die Form, damit es nicht langweilig wird, aber mir wird schon sicher etwas einfallen. Klar ist natürlich, das ich an einem weiteren Buchprojekt arbeiten werde, das ich schon anfangs beschrieben habe: Ein Buch über die herrlichen Jahre in Hinterbichl! Jetzt denken viele sicherlich: Toll. Ich war da nie, was soll ich damit? Und genau für Euch ist das gedacht. Auf der Wandertour im nächsten Jahr werde ich all diese alten Anekdoten und Geschichten aus der Jugend zusammenfassen und kombiniert mit einer Beschreibung der Reisetour zu Papier bringen, damit sich eigentlich jeder ein

Bild von diesem wunderbaren Ort, mit seiner wundervollen Geschichte machen kann. Vielleicht überlegt sich ja der eine oder andere dann mal, nach Osttirol zu fahren und sich vor Ort ein Bild zu machen. Hinterbichl hätte es verdient und ich freue mich schon wahnsinnig darauf, all die alten Geschichten mit meinen Freunden aufzuwärmen und in ein lesbares Gewand zu kleiden. Ich sehe vor meinem Auge die Ersten schon in Deckung gehen, aber keine Sorge, es wird ja ein sehr liebevoller Rückblick auf eine tolle Zeit!!! Natürlich bin ich auch nicht immer lustig und ab und zu versuche ich mich auch schon mal an anderen Texten. Daher habe ich zum Schluss noch ein kleines Gedicht für euch in dieses Buch eingebettet, das meine ruhigere Zeit ein klein wenig verdeutlicht. Es ist nicht immer alles einfach und rosarot, aber das wissen wir ja schliesslich alle. Und letzten Endes zeichnet uns das ja auch aus. Ich hoffe jedenfalls, das Ihr alle viel Spass beim Lesen hattet und vielleicht auch ein wenig Lust bekommen habt, weiteres zu lesen. Mir hat die Arbeit an diesem Buch sehr viel Freude gemacht und ich kann jedem nur empfehlen, es selbst auch einfach mal zu versuchen. Ich freue mich unglaublich auf den Moment, wo ich das erste gedruckte Exemplar mit meinem Namen drauf in den Händen halte!

Der Blick ist starr

Der Blick ist starr, die Wand ist weiß
jede Hoffnung ist verloren.
Mir ist kalt und mir ist heiß,
als Ihre Blicke mich durchbohren.

Der Glanz der alten Zeiten,
er ist nicht mehr zu sehen.
Und in der trüben Augen Weiten,
erkennt Sie nicht mein stilles Flehen.

So geht sie hin, lässt mich zurück,
beginnt ein neues Leben,
ich wünsch ihr dazu alles Glück,
mehr darf ich nicht mehr geben.

Ich gab, was ich nur geben kann,
kein Weg war mir zu weit.
Ich bin ja nur ein kleiner Mann,
es war nicht meine Zeit.

Die Welt, sie wird sich weiter drehen,
so schlecht es mir auch geht.
Doch dürft ich sie noch einmal sehen,
ich wünschte sie versteht.

So hab ich es also doch geschafft, noch einen nachdenklichen Text in diesem Buch unterzubringen. Aber auch ein stiller Ton möchte sich manchmal Gehör verschaffen.

Jetzt wird es schon langsam kalt, der Winter steht vor der Tür und heute morgen hab ich zum ersten Mal am Auto die Scheiben vom Frost befreien müssen. So schnell geht ein Jahr vorbei und beinah genauso schnell kommt man ans Ende eines Buches.

Und da passt eigentlich der uralte Spruch, den man so häufig irgendwo liest:

Macht es wie die Sonnenuhr, zählt die heiteren Stunden nur.

Und das sollten wir alle machen, denn Heiterkeit macht gute Laune und mit guter Laune sind wir doch als Mensch viel besser zu ertragen. Wir wollen doch auch als Frohnatur ins neue Jahr gehen und nicht als miesepetriger Nörgler. Und somit ende ich an dieser Stelle, wie eigentlich jeden Samstag beim Statement zur Lage der Nation:

Bis kürzlich!

Danksagung

Ja, das mache ich ja auch zum ersten Mal, eine Danksagung am Ende eines Buches schreiben! Wo fängt man da an und wo hört man da auf? Natürlich danke ich all meinen Freunden und Bekannten, die teilweise freiwillig oder vielleicht auch mal unfreiwillig dazu beigetragen haben, das es dieses Buch überhaupt gibt. Denn ohne den täglich erlebten mitmenschlichen Wahnsinn hätte ich natürlich nichts zu schreiben. Ich danke natürlich auch allen Prominenten, die kein Fettnäpfchen ausgelassen haben und sich auf direktem Weg ins Buch gedrängelt haben, weil sie Gegenstand meines Statements zur Lage der Nation waren. Danke!!! Macht weiter so, damit wir immer wieder etwas zu lachen haben. Natürlich bedanke ich mich auch beim technischen Fortschritt! Gar nicht auszudenken, wie lange es heute dauern würde, wenn man ein soziales Netzwerk wie Facebook mit einem alten Dinosaurier der 80er, wie dem C-64 unterhalten müsste…..Wahrscheinlich wäre es technisch ohnehin nicht möglich. Aber das mal in Action zu sehen, wäre schon lustig. Ich danke Euch Allen, die Ihr dieses Buch gekauft habt, das Ihr nun hier bis zur letzten Seite durchgehalten habt und am meisten würde es mich freuen, wenn Ihr immer wieder mal lächeln konntet und Euch an einer beliebigen Stelle im Buch selbst wiedergefunden habt. Es gilt natürlich wie immer: Wenn es Euch gefallen hat, posaunt es raus in die Welt und erzählt es Jedem, der es hören oder auch nicht hören möchte. Falls nicht, tut einfach so, als wäre es grossartig und erzählt es keinem weiter. Ich hoffe, wir sehen uns beim nächsten Statement in der virtuellen Welt oder wo auch immer in Natura. Bleibt alle gesund und macht Euch eine tolle Zeit.

Stefan Argus

Über den Autor:

Stefan Argus, geb. am 12. Mai 1969 ist bekennender Borussia Mönchengladbach Fan und eine typische rheinische Frohnatur. In seinen Statements zur Lage der Nation nimmt er oft kein Blatt für den Mund und geht dahin, wo es schon mal wehtut. Er ist Schützenbruder, Musiklexikon und manchmal zynischer Beobachter des aktuellen Tagesgeschehens. Wenn er nicht gerade in den sozialen Netzwerken stöbert und dort für den in der heutigen Zeit notwendigen Klamauk sorgt, arbeitet er gerade an einem weiteren Buch. Aufgewachsen ist er in Mönchengladbach, in der Jugendzeit wurde er zum Hibianer (Hinterbichl i. O. ist ein herrliches Fleckchen Erde) Nach seiner Schulzeit lernte er einen ordentlichen Kaufmannsberuf und ist auch heute noch in der Lebensmittelbranche tätig. Er lebt heute in Korschenbroich - Glehn und ist dort auch in der Brauchtumspflege aktiv. Er ist aktives Mitglied im Jägerzug "Stief - Trupp" und Vorstandsmitglied im Jägercorps Glehn. Das Glehner Schützenfest ist für Ihn der jährliche Höhepunkt geselligen Beisammenseins und ein steter Quell für neue witzige Einfälle. Der hier vorliegende Band ist sein erstes Buch, das veröffentlicht wird.